잼공온라인 프로젝트 1탄

언택트 시대의 슬기로운 수업

잼공온라인 프로젝트 1탄
언택트 시대의 슬기로운 수업

1판 1쇄 인쇄 2021년 1월 8일
1판 1쇄 발행 2021년 1월 15일

지은이 | 재미교육연구소
         (정준환 · 최미석 · 강선희 · 신혜은 · 고흥문 · 조혜성 · 이윤재 · 조윤주)
펴낸이 | 모흥숙
펴낸곳 | 상상채널
출판등록 | 제2011-0000009호

_이 책을 만든 사람들
편집 | 김루리, 이지수
기획 | 박은성, 안나영
일러스트 | 김병용

종이 | 제이피시
제작 | 현문인쇄

주소 | 서울시 용산구 한강대로 104라길 3 내하빌딩 4층
전화 | 02-775-3241~4
팩스 | 02-775-3246
이메일 | naeha@naeha.co.kr
홈페이지 | http://www.naeha.co.kr

값 17,800원
ⓒ 정준환, 2021
ISBN 979-11-87510-19-2
ISBN 979-11-87510-18-5 (세트)

_〈상상채널〉은 "내하출판사"의 교육서 및 실용서 출판 브랜드입니다.
_이 책은 저작권법에 따라 보호받는 저작물이므로 무단전재 및 복제를 금합니다.
_잘못된 책은 바꾸어 드립니다.

잼공온라인 프로젝트 1탄

언택트 시대의 슬기로운 수업

"온라인 학습환경과 프로젝트 수업의 환상적인 콜라보를 꿈꾸다."

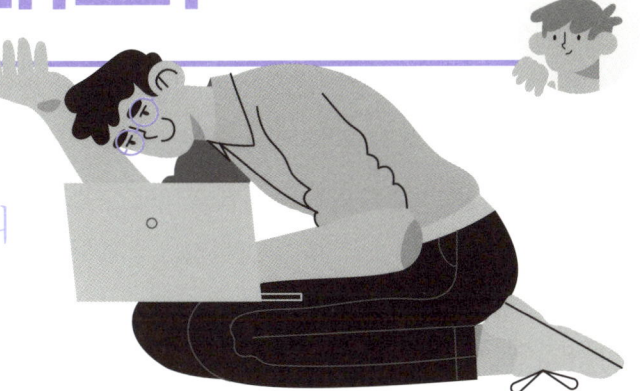

재미교육연구소

정준환	최미석
강선희	신혜은
고흥문	조혜성
이윤재	조윤주

상상채널

PROLOGUE 온라인 학습환경과 프로젝트 수업의 환상적인 콜라보를 꿈꾸다.

2020년, 초유의 사태가 벌어졌다. 코로나-19(Covid-19) 바이러스의 전세계적인 확산은 경제, 교육, 문화, 사회 전반에 엄청난 변화를 몰고 왔다. 우리의 교육도 예외는 아니었다. 코로나-19의 확산을 저지하기 위해 학생들의 등교를 막았고, 전면 온라인 수업으로 전환했다. 주1-2일 정도의 제한적인 등교수업도 이전에 보았던 교실 풍경과는 거리가 멀었다. 학생, 교사, 학부모 할 것 없이 그 누가됐든 전혀 예상치 못한 변화에 당황했다.

학년교육과정을 다듬으며, 아이들과 함께 할 프로젝트 수업을 준비하던 필자들도 예외가 아니었다. 어디서부터 어떻게 시작해야 할지 그저 막막할 뿐이었다. 교실에서의 모둠별 협동학습이 불가능한 상태에서 프로젝트학습의 묘미를 살릴 방도가 떠오르질 않았다. 작년에 실천했던 프로젝트 수업자료를 뒤적이며 이것저것 고민을 늘어놓지만, 오히려 해법을 찾기는커녕 깊은 수렁에 빠져드는 느낌마저 들었다.

언제부터인가 극복하기 힘든 일에 매달려 번민하는 우리 자신이 보이기 시작했다. 현실적인 제약을 뛰어넘기 위한 방안을 강구할수록 한숨이 절로 나왔다. 거창한 아이디어들이 꼬리에 꼬리를 물며 이어지다보니 시작도 하기 전에 피로감이 몰려왔다. 이런 상태에서 프로젝트 수업을 준비하는 건 한마디로 무리였다. 역시 프로젝트 학습에서 탁상공론은 무익할 뿐이다. '만들고, 행동하고, 표현하라!', 프로젝트 학습의 묘미가 실천에 있음을 그새 잊었던 모양이다. 흑역사로 기억될 허접한 프로젝트 수업일지라도 실천과정에서 얼마나 많은 것을 배우게 되는지, 그 누구보다 잘 알면서 기본 중에 기본을 놓치고 있었다.

'온라인 프로젝트, 어떻게 만들고 적용하면 좋을까.'

필자들은 복잡하게 생각하지 않고, 온라인 환경에서 쉽고 간단하게 적용 가능한 프로젝트 학습활동부터 실천하기로 했다. 가벼운 마음으로 적용한 온라인 프로젝트였지만, 참여한 학생들의 호응은 기대이상이었다. 학습자의 긍정적인 반응은 다음 온라인 프로젝트에 대한 기대감으로 이어졌고, 더 잘 만들고 싶은 욕구를 자극했다. 그럴수록 학습자의 자발적인 참여가 지속되는데 필요한 온라인 학습 환경을 구현하기 위한 방안을 찾았다. 덕분에 각종 온라인 도구들을 섭렵했으며, QR코드를 이용한 특별한 워크시트(PBL활동지)도 고안해낼 수 있었다. '미리캔버스(Miricanvas)', '파우툰(Powtoon)', '구글사이트(Google Site)'를 활용해 과제카드를 시각화하고, 온라인 프로젝트의 각 주제별 홈페이지도 개설해 수업에 활용하기까지 했다. 미약한 출발점이었지만, 주어진 상황 속에서 최선을 다해 온라인 프로젝트를 실천했고, 수업경험이 쌓여갈수록 다양한 아이디어들이 꼬리에 꼬리를 물며 나왔다.

재미교육연구소는 '3S-Fun', 즉 단순한 재미(Simple Fun), 사회적 재미(Social Fun), 진지한 재미(Serious Fun)를 품고 있는 '잼공(재미있는 공부)'을 추구한다. 잼공은 지식의 소비가 아닌 창의적인 생산(만들기, 행동하기, 표현하기)을 통해 이뤄진다고 믿는다. 그동안 잼공의 조건을 창의적인 생산성에 방점을 둔 '프로젝트기반학습(Project Based Learning: PBL)'[1]에서 찾아온 것도 이런 이유에서다. 온라인 학습환경이 중심이 된다고 해서 달라질 건 없다.

이쯤하면 이 책의 제목이 '잼공 온라인 프로젝트'인 까닭을 알 수 있을 것이다. 학습의 주도권을 학생들에게 온전히 넘겨주고, 학습의 조력자이자 지원자로서 격려와 즉각적인 피드백을 제공해주면 학습의 재미는 더욱 풍부해지는 법이다. 그것이 온라인든 오프라인이든 학습자의 관심과 흥미를 이끌어낼 만한 매력적인 학습과정(활동)을 담아내는 것이 중요하다. 물론 쉽지 않겠지만 우리는 도전을 멈추지 말아야 할 것이다. 그래서 이 책은 프로젝트 수업을 교육의 대안으로 삼고 있는 교사와 교육실천가들이 온라인 상황에서도 중단 없이 실천하길 바라는 마음에서 집필되었다. 당연히 프로젝트 수업을 온라인 학습환경으로 확장시키는데 초점을 두고 있으며, 온라인 수업상황에서 누구든 부

---

1) 프로젝트기반학습은 흔히 영문약칭인 PBL, 프로젝트 학습, 프로젝트 수업 등으로 불린다. 이 책에서는 이들 용어가 혼재되어 사용되고 있으나 의미는 같다.

담 없이 실천 가능한 PBL환경구현을 목표로 두고 있다.

이 책은 우왕좌왕, 좌충우돌하며 너나할 것 없이 혼란에 빠져 지냈던 시기(2020년 3월-5월)에 적용했던 온라인 프로젝트 수업사례와 바로 현장적용이 가능한 PBL프로그램을 각각 묶어 구성했으며, 이들을 크게 두 부분으로 나눠 목차를 짰다.

「1부. 좌충우돌, 나의 온라인 프로젝트 실천기」에는 정준환 선생님의 초기 온라인 프로젝트 수업 실천사례가 담겨 있다. 코로나-19 확산으로 인해 개학이 기약 없이 미뤄지던 시기에 적용했던 다섯 빛깔의 쉽고 간단한 온라인 프로젝트와 온라인 개학직후부터 시작한 프로젝트 수업사례가 기록되어 있다. 참고로 이 책에는 에필로그를 포함해 총 여덟 개의 온라인 프로젝트 수업사례가 소개되고 있다. 그리고 이들 수업사례에는 네이버밴드, e학습터, 미리캔버스 등이 어떻게 매력적인 온라인 프로젝트 환경구현에 기여했는지 생생하게 기술되어 있다. 특히 '윤주쌤의 e-꿀팁'에는 네이버밴드와 미리캔버스의 여러 기능 중 놓치기 쉬운 유용한 기능을 골라 알려주고 있으니 관심있는 분들은 꼭 확인해보길 바란다.

이어지는 「2부. 실전! 잼공 온라인 프로젝트」는 재미교육연구소에서 맹활약 중인 일곱 명의 선생님들이 개발한 온라인 프로젝트가 수록되어 있다. '온라인 직업박람회, Dream Job Fair[정준환]', '지금은 온 에어[On air][최미석]', 'JAM아카데미, 유튜브 영상 공모전에 도전하라![조혜성]', '나를 보여줄게! 방방마다[고홍문]', '엑시트Exit, 생존의 법칙[신혜은]', 'Fresh찬의 새로운 출발[강선희]', '세계를 구하라! 가면 히어로![이윤재]'까지 제목만 들어도 설레는 일곱 빛깔의 온라인 프로젝트가 담겼다. 각 온라인 프로젝트별로 학습꾸러미로 배부할 수 있는 '워크시트(PBL활동지)'와 수업의 길라잡이 역할을 해줄 '티쳐팁스(Teacher Tips)'가 친절하게 제공되고 있다.

더불어 각장 사이사이에는 온라인 학습환경을 풍성하게 만들어줄 IT도구 활용법, '슬기로운 온라인 도구생활'이 수록되어 있다. 재미교육연구소의 카페요일제(매달 정해진 요일에 팀별로 선정한 프로젝트 과제수행결과를 카페(네이버)에 올리는 활동)의 결과물이기도 한 '슬기로운 온라인 도구생활'에는 카훗KAHOOT[윤희진], 오비에스 스튜디오OBS Studio[최미석], 멘티미터[조은아], 라이브워크시트Liveworksheets[강대한], 드로우보드Drawboard[조현주], 플립그리드Flipgrid[강선희], 뱁믹스Vapmix[권율수]의 활용방법이 일목요연하게 정리되어 있다.

더욱이 언제 어디서나 학습이 가능한 온라인 프로젝트 환경을 위한 QR코드가 책 본문 곳곳에 담겨있다. 기본적으로 온라인 프로젝트 워크시트의 각 단계마다 QR코드가 제공되고 있어서 학습자가 과제카드와 관련 디지털 자료에 손쉽게 접근할 수 있다. 워크시트 외에도 이 책에 소개된 모든 온라인 프로젝트 수업들은 본문 중간 중간 수록된 QR코드를 통해 편리하게 확인할 수 있다. 뿐만 아니라 온라인 프로젝트 환경을 구현하는데 필요한 IT도구와 관련 설명영상(자체 제작 영상 포함), 온라인 프로젝트 수업결과물 등등 QR코드를 통해 만날 수 있도록 구성했다.

지금껏 재미교육연구소는 「재미와 게임으로 빚어낸 신나는 프로젝트학습(2015)」을 추구해 왔으며, 「설레는 수업, 프로젝트학습(2016)」을 위해 관련 연구와 실천 활동을 적극적으로 벌여 왔다. 예기치 못한 초유의 코로나-19 판데믹 사태에도 온라인을 기반으로 한 프로젝트 수업에 도전했고, 나름 의미 있는 결실들을 맺기도 했다. 언제나 그렇듯 재미교육연구소 연구원들은 교실뿐만 아니라 박물관 및 미술관(잼공뮤지엄), 지역사회(잼공타운) 등을 무대로 다양한 빛깔의 잼공프로그램(PBL)을 만들어가고 있다. 그리고 이들 결과물을 출판과 교육·연수 등을 통해 적극적으로 공유해 나가고자 한다.

「잼공 온라인 프로젝트 1편: 언택트 시대의 슬기로운 수업」 자체도 재미교육연구소의 공동 집필 프로젝트이며, 「잼공 독서 프로젝트 2편: 독서에 프로젝트 수업을 더하다(2020)」에 이어 내놓은 두 번째 결실이기도 하다. 앞으로도 온라인 학습환경과 프로젝트 수업의 환상적인 콜라보 사례와 다양한 주제의 온라인 프로젝트 수업프로그램을 「잼공 온라인 프로젝트」시리즈 2편, 3편에 차례로 담아내도록 하겠다. 아무쪼록 온라인과 오프라인을 넘나들며 창의적이며 생산적인 프로젝트 수업이 학교현장 곳곳에서 펼쳐지길 기대해본다. 온라인 프로젝트, 마음이 간다면 망설이지 말고 시작해보자. 더 이상 복잡하게 생각지 말고, 그냥 실천해보자!

2021년 1월

재미교육연구소소장 정 준 환

PROLOGUE • 004

1부 좌충우돌, 나의 온라인 프로젝트 실천기!

CHAPTER 01 처음 만나는 설레는 수업,
쉽고 재미있는 다섯 빛깔 온라인 프로젝트
(feat. 네이버밴드) [정준환] • 013

윤주쌤의 e-꿀팁 네이버 밴드, 온라인 프로젝트를 진행하는데 딱이네요! [조윤주] • 024

CHAPTER 02 몸속탐험 바디선장에서 골드버그 장치까지
(feat. e학습터와 미리캔버스) [정준환] • 028

윤주쌤의 e-꿀팁 미리캔버스로 PBL수업을 위한
온라인 과제카드를 만들어볼까요? [조윤주] • 040

2부 실전! 잼공 온라인 프로젝트

CHAPTER 03 온라인 직업박람회, Dream Job Fair [정준환] • 047
#Jamgong Online Project Tips • 056

슬기로운 온라인 도구 생활 ❶ 재밌는 퀴즈를 만들어볼 수 있는
카훗KAHOOT! [윤희진] • 064

CHAPTER 04 지금은 온 에어[On air] [최미석] • 066
#Jamgong Online Project Tips • 075

슬기로운 온라인 도구 생활 ❷ 수업 영상 제작에 최적화된 화면녹화프로그램,
OBS Studio [최미석] • 084

CHAPTER 05 JAM아카데미,
유튜브 영상 공모전에 도전하라! [조혜성] • 086
#Jamgong Online Project Tips • 096

슬기로운 온라인 도구 생활 ❸ 실시간 반응집계를 원한다면? 멘티미터! [조은아] • 104

CHAPTER 06 나를 보여줄게! 방방마다 [고흥문] • 106
#Jamgong Online Project Tips • 114

슬기로운 온라인 도구 생활 ④ 죽어있던 학습지와 종이 문서에 디지털 심폐소생술을,
라이브워크시트Liveworksheets [강대한] • 122

CHAPTER 07 엑시트Exit, 생존의 법칙 [신혜은] • 124
#Jamgong Online Project Tips • 136

슬기로운 온라인 도구 생활 ⑤ 빠르고 간편하게 PDF파일에 교정 및 주석을
달 수 있는 드로우보드Drawboard [조현주] • 144

CHAPTER 08 Fresh찬의 새로운 출발 [강선희] • 146
#Jamgong Online Project Tips •157

슬기로운 온라인 도구 생활 ⑥ 교실 안의 인스타그램! 발표를 영상으로 제출하고
공유할 수 있는 플립그리드Flipgrid [강선희] •166

CHAPTER 09 세계를 구하라! 가면 히어로! [이윤재] • 168
#Jamgong Online Project Tips • 178

슬기로운 온라인 도구 생활 ⑦ 센스있는 자막을 넣어 영상을 편집하고 싶을 때,
Vapmix [권율수] • 186

EPILOGUE 독서교육과 프로젝트가 만나다. 잼공독서프로젝트 • 188
주목하라! 재미교육연구소가 떴다 • 192

참고문헌 • 198
찾아보기 • 199

1부

좌충우돌,
나의 온라인 프로젝트
실천기!

"코로나-19라는 예상치 못했던
복병을 만났지만,
프로젝트 수업은 중단 없이
계속해야만 했다."

 필자에게 프로젝트 수업은 오랜 친구이다. 온라인 환경이라고 해서 떠나보낼 사이가 아니다. 코로나-19라는 예상치 못했던 복병을 만났지만, 프로젝트 수업은 중단 없이 계속해야만 했다. 그저 습관처럼, 온라인을 무대로 프로젝트 수업을 적용했고, 생산적이고 창의적인 학습을 위한 구체적인 학습환경을 모색할 수 있었다. 온라인과 오프라인을 넘나들며, 학생들에게 프로젝트 수업으로 다양한 학습경험을 제공해주고 싶다면, '1부. 좌충우돌, 나의 온라인 프로젝트 실천기!'를 주목하길 바란다.

프로젝트 수업의 정식명칭은 '프로젝트기반학습(Project Based Learning)'입니다. 이 책에서는 영문약칭인 PBL을 비롯해 프로젝트학습, 프로젝트 등으로 표현하고 있습니다.

CHAPTER
01 처음 만나는 설레는 수업, 쉽고 재미있는 다섯 빛깔 온라인 프로젝트
(feat. 네이버밴드)

3월, 갑작스런 개학연기가 발표되었다. 백신과 치료제가 없는 상황에서 코로나-19 확산을 막기 위한 불가피한 조치였다. 그때만 해도 정부발표대로 코로나-19 확산이 진정되고, 3주 이후에 등교도 가능하리라 여겼다. 그러나 이러한 예상은 한참 빗나갔다. 이후에도 등교연기발표가 거듭됐고, 그럴 때마다 마치 희망고문을 받는 기분이었다.

이런 와중이었지만, 온라인 학급커뮤니티는 비교적 일찍 개설됐다. 교사와 학생, 학부모 간의 소통이 원활히 이루어질 수 있도록 하자는데 동학년 선생님들이 동의해준 덕분이었다. 늦은 개학으로 인한 수업일수감축을 만회하고, 등교이후 빠른 적응을 돕자는 취지에서 서둘러 온라인 학급커뮤니티를 만드는데 의견이 모아졌다. 그리고 곧바로 온라인 학급커뮤니티를 어디에 개설하면 좋을지에 대한 논의로 이어졌다. 논의의 과정은 그리 길지 않았지만, 대략 다섯 가지 정도의 기준을 두고 선택이 이루어졌다.

> ❶ 학급 구성원 간의 소통이 신속하고 원활하게 이루어지기 위해 PC부터 개인이 소지한 스마트폰까지 모두 이용이 가능해야 한다.
> ❷ 텍스트뿐만 아니라 이미지와 영상 등을 용량 제한 없이 올릴 수 있어야 한다.
> ❸ 손쉬운 회원가입, 편리한 기능을 쉽게 사용할 수 있어야 한다.
> ❹ 이용자 증가에 영향을 받지 않는 안정적인 접속환경이 보장돼야 한다.
> ❺ 상업광고나 유해매체의 노출이 없는 공간이어야 한다.

기준만 놓고 볼 때, 구글과 페이스북 등 글로벌 기업이 내놓은 소셜미디어들이 이런 조건에 부합했다. 특히 구글이 제공하는 서비스가 워낙에 다양하고 강력해서 매력적으로 다가왔다. 그러나 당시 이들 매체가 몹시 낯선 부모나 학생들의 비율이 상대적으로 높았으며, 매체의 활용 자체가 심리적인 부담감으로 작용될 수 있다는 점을 고려해 선택을 유보했다.

결국 최종선택은 네이버 '밴드(BAND)'가 차지했다. 학급의 상당수 부모와 학생들이 네이버 계정이 있었고, 일상에서 네이버가 제공하는 인터넷 서비스를 즐겨 사용하고 있었던 터라 심리적인 장벽도 낮았다. 게다가 '우리반 밴드'라는 이름의 학급커뮤니티 서비스가 제공된다는 점이 최종낙점의 결정적인 이유가 되었다.

네이버 밴드는 2012년 출시 직후부터 필자의 프로젝트학습에 종종 사용됐던 온라인 커뮤니티이기도 하다. 여러 PBL수업에 종종 활용해 왔던 터라 개설, 관리, 운영 등의 모든 면에 있어서 '밴드'가 익숙했다. 어찌됐든 동학년 전체가 밴드에 학급커뮤니티를 개설했고, 이 공간을 활용해 가벼운 수준의 과제나 온라인 프로젝트를 만들어 제시하기로 했다.

온라인 프로젝트의 시작은 3월 둘째 주(3월 9일), 학급커뮤니티가 개설된 직후부터 이루어졌다. 소통에 목적을 두고 가벼운 마음으로 준비한 덕분인지 PBL 주제를 정하는 것 역시 어렵지 않았다. 새 학년 등교첫날 갖는 자기소개 시간을 떠올리자 주제가 뚜렷해졌다.

'자기홍보 프로젝트', 새 학년에서 함께 지낼 친구들에 대한 관심과 기대가 그 어느 때

보다 높은 시기, 자신의 매력을 어필하고. 서로에 대해 조금이라도 알아가는데 목적을 두었다. PBL과제는 누구나 쉽게 참여할 수 있도록 단순화했다. 성격, 취미, 관심, 진로희망 등 자신을 돋보이게 만들 장점들만 모아 자기소개 시나리오를 작성하고, 이를 토대로 선호하는 표현방법을 선택해 홍보자료를 제작해 공유하는 순으로 진행됐다.

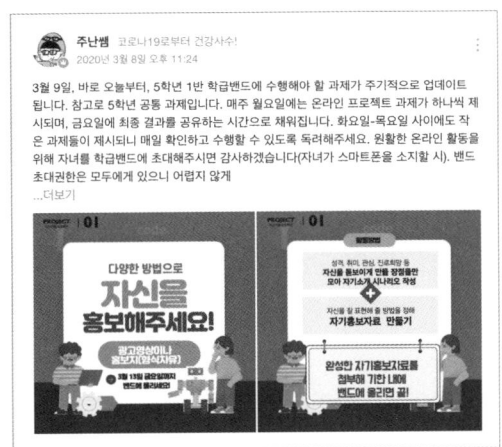 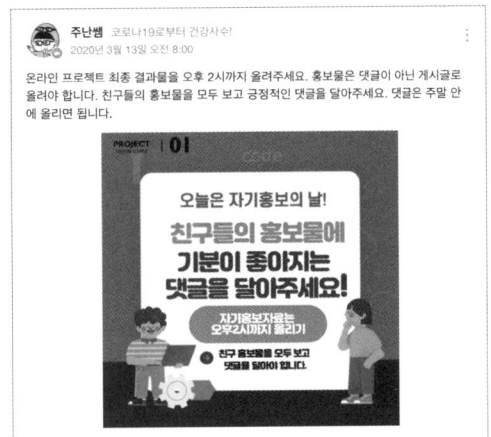

온라인 프로젝트 과제는 약속한 기간(월요일-금요일) 안에 해결하도록 했다. 다만 개학 전임을 감안해 온라인 프로젝트 참여엔 강제성을 두진 않았다. 새로운 학년의 소속 학급이 편성된 상태일 뿐, 학생들을 실질적으로 강제할 방법도 없었다. 코로나-19로 인해 겨울방학이 봄까지 연장된 상황에서 어디까지나 교육과정 밖의 비공식적인 활동, 그저 '놀면 뭐하니?'라는 생각으로 부담 없이 온라인 프로젝트가 적용됐다.

드디어, 약속의 금요일, 자기홍보의 날이 시작됐다. 자율적인 참여를 전제로 제시한 자기홍보프로젝트에 학생들은 기대이상의 참여율을 보여주었다. 저마다 개성 넘치는 자기홍보자료가 학급밴드에 올라오자 너나할 것 없이 댓글을 통해 긍정적인 피드백으로 호응해주었다.

[학급밴드에 올린 자기홍보프로젝트 결과물들]

　자기홍보프로젝트에서 보여준 학생들의 반응이 두 번째 온라인 프로젝트를 위한 발걸음에 힘을 실어주었다. 두 번째 PBL주제는 우연히 북튜버에 관한 뉴스를 보고 아이디어를 얻게 되면서 결정됐다. 많은 이들에게 생소한 '북튜버(book+Youtuber 합성어)'가 학생들에게 어떻게 다가갈지 궁금하면서 학생들이 직접 낯선 북튜버가 되어 생산적인 독서활동을 벌인다는 것 자체가 매력적으로 느껴졌다.

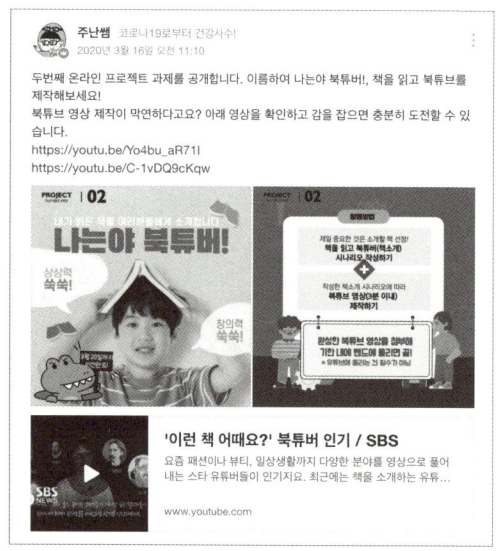
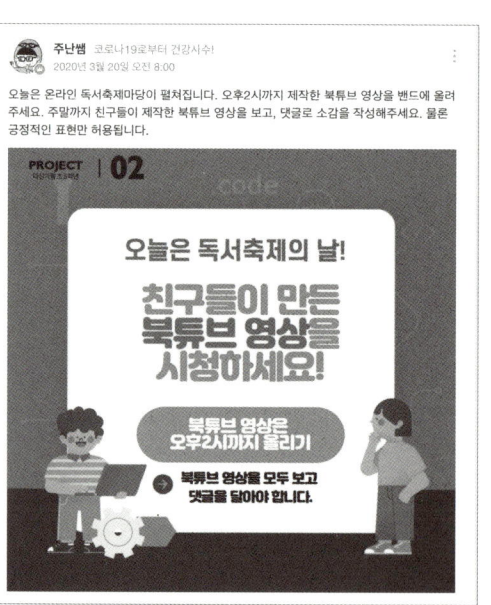

두 번째 온라인 프로젝트인 '나는야 북튜버!'의 활동순서는 단순했다. 친구들에게 소개하고 싶은 책을 읽고, 북튜브 시나리오를 작성한 후, 영상을 제작하면 끝!, 이 과정을 월요일에 시작해 금요일까지 약속한 시간 안에 수행하면 됐다.

처음엔 북튜버에 대한 이해가 부족해 학생들로부터 과제 파악을 위한 여러 질문이 나올 것으로 예상했다. 그러나 관련 질문은 하나도 나오질 않았다. 나중에 알고 보니 북튜버가 필자에게 새롭게 느껴졌을 뿐, 평소 TV보다 유튜브 영상을 즐겨 보는 학생들에겐 익숙한 대상이었다. 그래서인지 학생들의 참여는 기대 이상이었고, 마치 북튜버가 된 것처럼 남다른 활약을 보여주었다. 대부분 북튜브 영상 촬영에 그치지 않고, 동영상 편집앱을 이용해 완성도를 높였으니 말이다. 결과적으로 28개의 북튜브 영상이 학급밴드에 올라왔고, 책을 통해 소통하고 서로 공유하는 온라인 독서 축제가 펼쳐졌다.

[학급밴드에 올린 북튜버 프로젝트 결과물들]

2020년 3월 17일, 한창 북튜버 프로젝트가 진행되고 있던 중반에 교육부는 2주 추가 개학연기를 발표했다. 우려했던 4월 개학이 현실화되면서 학교현장은 말 그대로 멘붕(멘탈붕괴)에 빠졌다. 3월 23일 개학을 예상하며, 한시적으로 적용됐던 온라인 프로젝트 역시 의도와 달리 장기과제가 되어버린 순간이기도 했다. 막연한 현실 앞에 당혹감이 밀려왔지만 다시금 마음을 추스르고, 온라인 프로젝트 준비에 돌입했다.

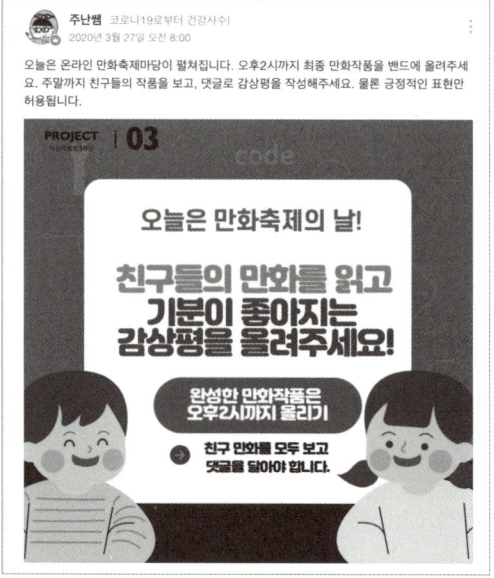

세 번째 온라인 프로젝트의 주제는 학생들이 쉽게 다가갈 수 있는 '만화'로 정했다. 독서(영화)의 맛을 '만화그리기'라는 생산적인 활동과 연계해 경험하는데 의미를 두었다. 앞서 경험했던 온라인 프로젝트들과 유사한 패턴으로 학습과정을 설계해 부담 없는 참여를 유도하고자 했다.

어찌됐던 교육과정운영과 무관하게 진행된 온라인 프로젝트는 학부모의 협조와 학생들의 자발적인 참여에 의존해 진행할 수밖에 없다. 그럼에도 불구하고 학급구성원 대부분의 적극적인 참여 덕분에 온라인 프로젝트 활동은 계속될 수 있었다.

[학급밴드에 올린 만화프로젝트 결과물들]

한편 이번 온라인 프로젝트부터는 네이버 밴드의 '예약글쓰기' 기능이 활용되었다. 1분 1초의 오차 없이 정확히 온라인 프로젝트 과제를 제시하는데 안성맞춤인 기능이었다. 개학연기의 장기화로 흐트러져 버린 학생들의 불규칙적인 일상이 회복되길 바라는 마음에도 부합했다. 더불어 매일매일 시간 맞춰 글을 올리기 위해 애쓰지 않아도 된다는 점에서도 무척 유용했다. 이후로 '예약글쓰기'는 온라인 수업의 정시운영을 위한 핵심기능으로 활용되었다.

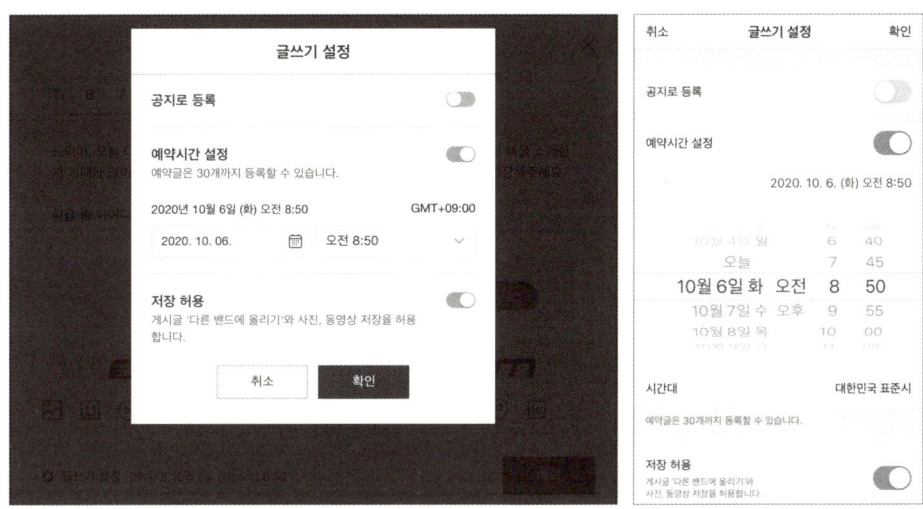

[네이버밴드의 글쓰기 설정에 있는 PC(좌)와 모바일(우) 예약시간 설정 화면]

네 번째 온라인 프로젝트의 주제는 '나는야 요리사!', 코로나-19 상황에 지친 가족을 위해 특별한 요리를 선물하자는 취지에서 기획되었다. 모든 PBL수업이 그렇듯, 요리 만들기 프로젝트엔 반드시 지켜야 할 단계와 조건이 있었다. 학생들이 가족을 위한 특별한 요리만들기에 도전하는 상황인 만큼, 특별한 준비과정을 요구하기로 했다.

특히 도전할 요리를 완벽하게 구현하기 위한 조건으로 요리방법과 순서가 구체적으로 담긴 그림레시피 제작이 미션으로 부여됐다. 인터넷상에서 쉽게 찾아볼 수 있는 그림레시피 사례를 소개해 관련 활동의 이해를 도왔을 뿐인데, 학생들이 완성한 결과물은 수준급이었다.

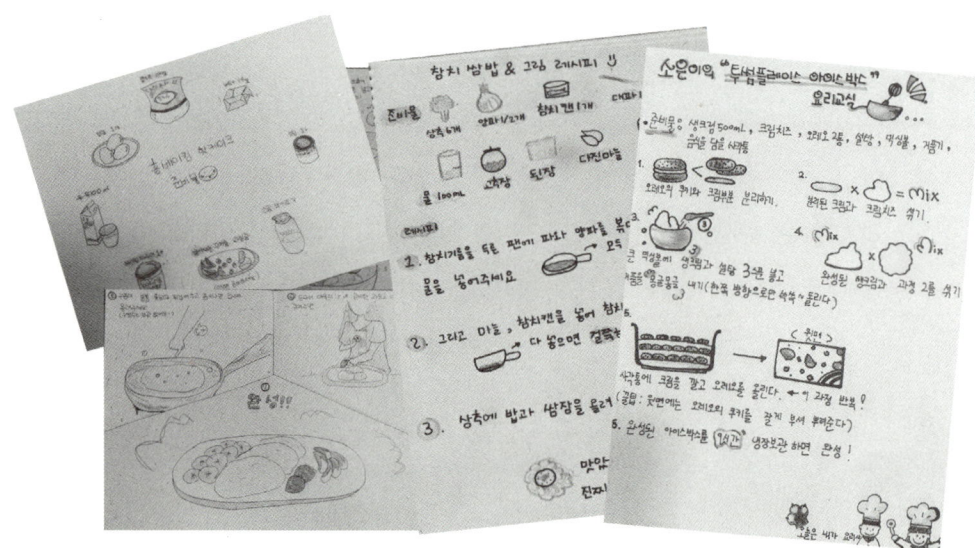

[참여한 학생들이 제작한 그림레시피들]

마지막 과정으로 학생들은 요리방법과 순서를 친절하게 담은 그림레시피에 따라 요리만들기에 돌입했다. 조리과정은 학부모의 협조로 안전하게 진행됐다. 학생들은 요리과정을 영상으로 담고, 최종 완성한 요리를 사진으로 정성스럽게 촬영했다. 덕분에 온라인상에서 펼쳐진 음식축제의 날은 그 이름에 걸맞게 수준급의 요리영상과 사진, 그림레시피들로 풍성하게 채워질 수 있었다.

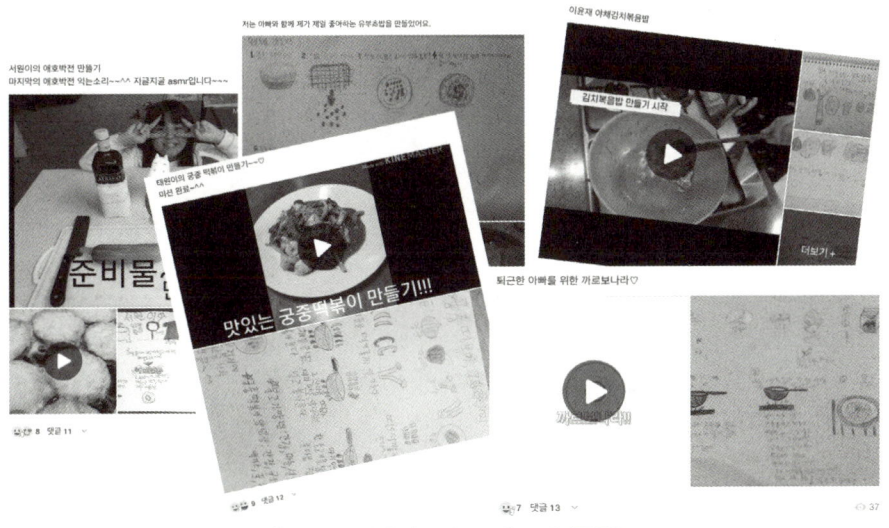

[학급밴드에 올린 요리프로젝트 결과물들]

'나는야 요리사!' 온라인 프로젝트가 진행되고 있던 3월 31일, 교육부는 예정됐던 4월 6일 개학을 추가로 연기하고, 온라인 개학을 학년별 순차적으로 시행한다는 내용의 발표를 했다. 4월 9일에 고3과 중3이, 16일에 중·고등학교 나머지 학년들과 초등학교 고학년, 20일에는 초등학교 저학년이 온라인을 통해 개학한다는 내용이었다. 당시 정부로서도 불가피한 측면이 있었겠지만 학교현장과의 충분한 소통 없이 내린 결정이라서 아쉬움이 컸다. 졸지에 학교선생님들은 2주 안에 교육과정을 바꾸고, 온라인 수업을 준비해 차질 없이 운영해야 할 책임을 안게 됐으니 말이다.

스트레스가 몰려오자, 갑자기 어디론가 떠나고 싶은 마음이 들었다. 답답한 시간을 보내고 있는 우리 모두를 위로해줄 여행이 그리웠다. 다섯 번째 온라인 프로젝트 '나는야 여행설계사!'는 이런 배경에서 만들어졌다. 온라인 개학일정과 촉박한 준비기간을 감안해 학습기간은 4월 6일에서 15일 임시공휴일(국회의원 선거일)까지 길게 잡았다.

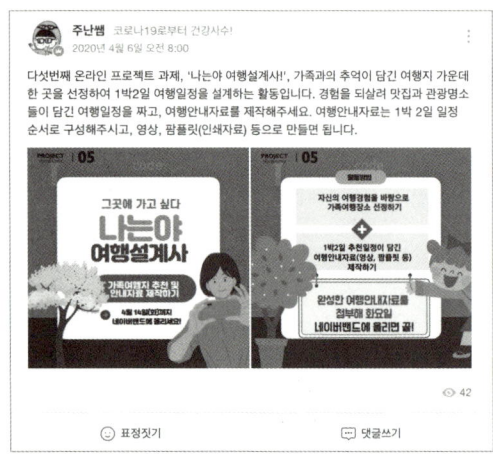

학생들은 저마다 소중한 추억이 담긴 여행지를 선정해 1박2일 코스를 짜고, 맛집과 관광명소를 자세히 소개한 여행안내자료를 제작했다. 학급구성원 모두의 행복한 랜선여행을 위한 준비가 약속기일까지 차근차근 진행되고 있었다. 그리고 마침내 개학 하루 전, 예정대로 온라인 여행 페스티벌이 펼쳐졌다. 학생들은 여행설계사가 되어 1박2일 일정이 담긴 매력적인 여행상품을 공유했다. 이 가운데는 컴퓨터 소프트웨어를 활용해 만든 첫 작품임을 강조하며, 정성스럽게 제작한 여행팸플릿을 뽐내기도 했다.

[학급밴드에 올린 여행프로젝트 결과물들]

이렇듯 가벼운 마음으로 시작한 온라인 프로젝트는 3월을 지나서 4월 중순까지 6주간 이어졌다. 처음부터 4월 중순 개학이 예상됐다면, 3월 둘째 주부터 서둘러 온라인 프로젝트를 시작하려 했을까. 어찌 생각하면, 불확실한 상황 자체가 온라인 프로젝트를 지속하게 만든 중요한 원동력이었던 셈이다.

주난쌤 코로나19로부터 건강사수!
2020년 3월 23일 오후 4:24

프로젝트 과제와 미니 과제 모두, 자발적인 참여에 의해 이루어집니다. 혹시 학급밴드에 늦게 가입했거나 어떤 일때문에 과제를 수행하지 못했을 경우가 있겠죠? 그럴 땐 가볍게 패스!^^ 밀린 숙제하듯 억지로 하지말고, 그날 그날 프로젝트 과제와 미니과제들을 멋지게 수행해주세요! 제자들의 멋진 활약을 기대하고 응원하겠습니다~ 화이팅!!!^^

그리고 무엇보다 온라인 프로젝트 과정에서 기대 이상의 호응을 보여준 학생들 덕분에 실천을 멈출 수 없었다. 자발적인 참여에 의한 활동임에도 학생들 대부분은 처음부터 끝까지 적극적으로 참여해주었다. 전혀 의도치 않았지만, 결과적으로 개학도 하기 전에 학생들은 다섯 빛깔의 온라인 프로젝트를 경험했고, 자기주도적인 참여를 통해 생산적이고 창의적인 학습활동을 만끽할 수 있었다.

참고로 이들 프로젝트 수업은 누구나 마음만 먹으면 쉽게 적용할 수 있다. 학생들의 연령이나 수준에 상관없이 도전할 수 있는 온라인 프로젝트, 다섯 빛깔 온라인 PBL수업은 구글사이트를 통해 공개되고 있다.

네이버 밴드,
온라인 프로젝트를 진행하는데 딱이네요!

온라인 개학 이후 각 학급마다 온라인 학급방이 운영되고 있습니다. 그 중 많은 선생님들이 네이버 밴드를 애용하고 있죠. 네이버 밴드는 학급 운영을 위해 '학급 밴드' 개설을 지원하고 있으며 최근 만 13세 미만의 초등학생들도 밴드 가입이 가능해지면서 4만 개 이상의 밴드가 신설되었다고 합니다. 네이버 밴드를 이용하면 학급 운영뿐만 아니라 온라인 프로젝트 수업도 편리하게 진행할 수 있습니다. 온라인 프로젝트를 진행하려면, 우선 PBL 과제 카드나 문제 해결에 도움이 되는 사진이나 영상 자료 등을 제시해야 합니다. 학생들은 선생님이 제시하는 과제를 확인하고 다양한 방법으로 자신만의 산출물을 만들고 온라인 상에 산출물을 업로드 하여 선생님과 친구들의 피드백을 받을 수 있죠. 이런 과정이 자연스럽게 이루어지려면 수업 진행에 편리한 기능을 제공하는 플랫폼을 사용하는 것이 좋습니다. 네이버 밴드는 예약 글쓰기, 출석 체크, 1:1채팅, 미션 인증 기능 등 온라인 수업을 진행하는데 꼭 필요한 기능들을 제공하고 있습니다. 네이버 밴드에서 온라인 프로젝트를 진행해보고 싶다면, 네이버밴드 꿀팁을 꼭 확인해보세요.

네이버 밴드 사용 꿀팁

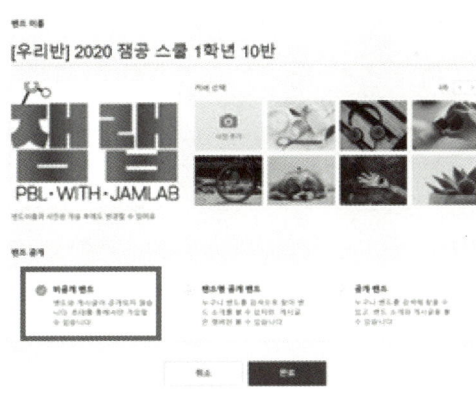

❶ 비공개 밴드로 안전한 학습 공간 만들기!
네이버 밴드는 비공개 밴드, 밴드명 공개 밴드, 공개 밴드로 나뉩니다. 학급 밴드는 학생들과 교사만의 공간이자 다양한 저작물들이 올라오는 공간이기 때문에 '비공개 밴드'로 설정하는 것이 좋습니다. 비공개 밴드는 '초대 받은 사람'만 가입할 수 있다는 사실!

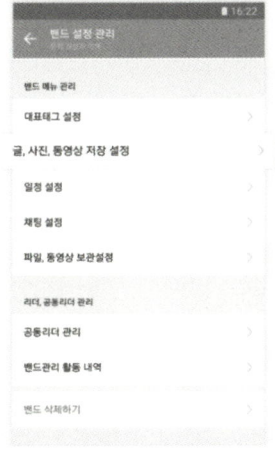

❷ 수업 자료도 저작물! 외부 공유 걱정 마세요!
온라인 과제카드와 영상 자료, 학생들의 산출물 자료들이 외부로 유출된다면 정말 속상하겠죠? '밴드 설정 〉 밴드 메뉴 관리 〉 글, 사진, 동영상 저장 설정'에서 저장을 비허용해보세요. 그럼, 글 작성자와 리더만 다운로드 할 수 있답니다.

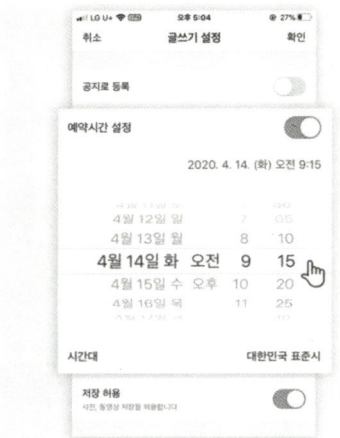

❸ 예약 글쓰기 기능으로 온라인 과제카드 올리기!
온라인 PBL 수업 관련 글이나 자료를 미리 올려두어야 한다면 '글쓰기 설정 〉 예약시간 설정' 기능을 이용해보세요. 선생님이 미리 예약해두면 작성한 글이나 온라인 과제카드가 자동으로 정해진 시간에 공개됩니다.

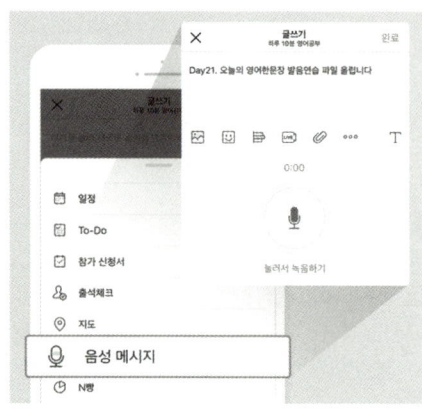

❹ 음성 메시지를 첨부할 수 있다? 오디오와 관련된 PBL을 만들어보자!

글쓰기에서 '음성 메시지' 기능은 실시간으로 음성을 녹음할 수 있는 기능입니다. 노래, 악기 연주, 오디오북, 라디오 DJ등 음성 파일을 이용한 PBL문제를 만들어보는 건 어떨까요?

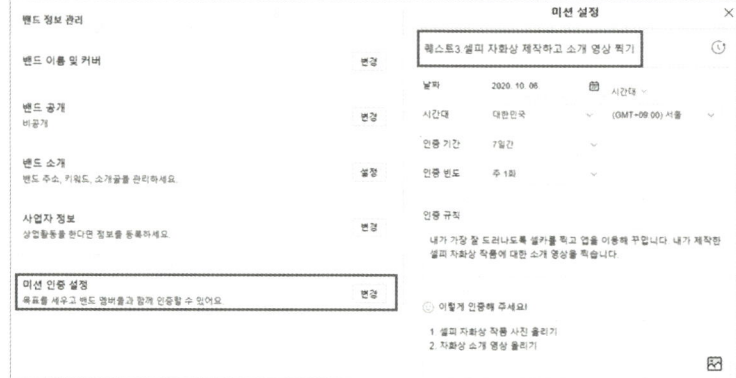

❺ 미션 인증 기능으로 PBL과제 관리하기!

과제를 미션 글쓰기로 진행하면 미션 인증현황을 통해 학생들의 과제 제출 여부를 쉽게 확인할 수 있습니다. 과제를 안 한 학생에게는 자동으로 알람도 갑니다.

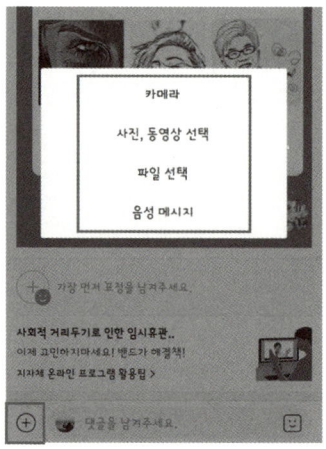

❻ 댓글로 PBL과제를 제출할 수도 있어요!

온라인 프로젝트 결과물 제출 공지글이 올라가면, 학생들은 댓글로 최종결과물을 업로드 할 수 있습니다. 사진은 최대5개, 동영상이나 gif파일은 1개까지 업로드할 수 있다고 하니 학생들에게 미리 안내해 주어야겠지요?

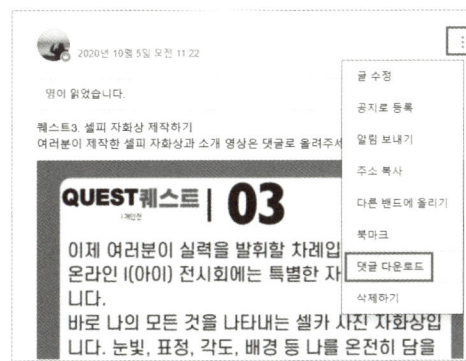

❼ **댓글로 제출한 PBL과제결과를 엑셀(Excel) 파일로 다운로드받아 관리하자!**
학생들이 댓글로 제출한 과제를 다운로드 받고 싶다면? PC에서 밴드에 접속한 뒤 댓글을 다운로드 받아보세요. 아쉽게도 사진이나 영상은 다운로드가 되지 않습니다. 글쓰기 과제일 때 유용하게 사용해봐요!

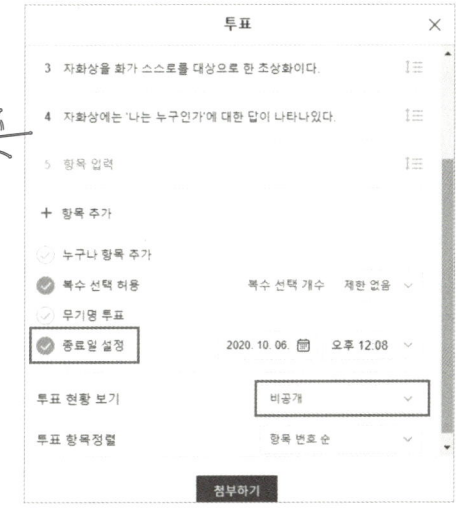

❽ **투표 기능으로 설문 조사 또는 배운 내용 평가하기!**
PBL 수업 중 설문조사가 필요하다면? 학생들이 배운 내용을 잘 이해하고 있는지 궁금하다면? 투표 기능을 이용해보세요. 투표 현황 보기를 비공개로 하면 작성자, 리더만 투표 결과를 확인할 수 있습니다.

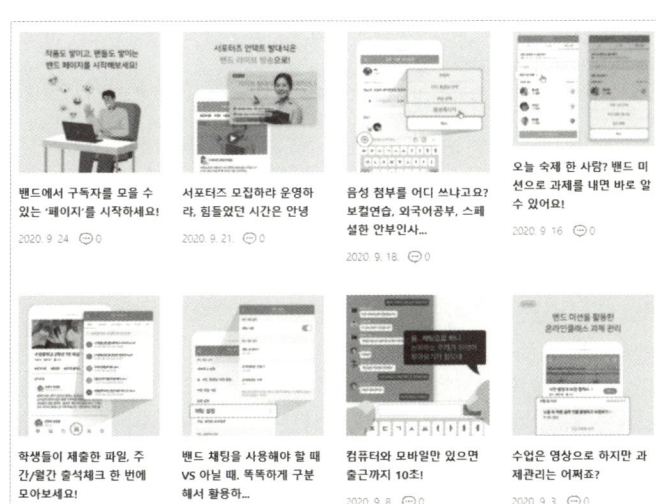

❾ **더 많은 네이버 밴드 사용 꿀팁이 궁금하다면?**
네이버 밴드 블로그에서는 다양한 네이버 밴드 활용 팁을 제공하고 있습니다. 또한 온라인 수업 담당자에게 메일을 보내서 궁금한 점을 바로 답변 받을 수 있답니다.

네이버 밴드 블로그:
https://blog.naver.com/bandapp
온라인 수업 담당자 메일 주소 :
dl_band_onlineclass@navercorp.com

CHAPTER 02 몸속탐험 바디선장에서 골드버그 장치까지
(feat. e학습터와 미리캔버스)

  4월 16일, 모두가 고대하던 새 학년이 공식적으로 시작됐다. 비록 등교수업 없는 온라인 개학이었지만, 뭔가 새롭게 시작할 수 있다는 것 자체가 좋았다. 개학연기가 결정될 때마다 교육과정을 고쳐야했던 반복되던 수고들도 덜 수 있게 됐다.

  한편 교육부의 권고에 따라 온라인 개학과 동시에 'e학습터'가 활용되었다. 'e학습터'는 17개 시도교육청과 교육부가 통합운영하고 한국교육학술정보원이 지원하는 온라인 교육플랫폼이었지만 이전까지 잘 알지 못했다. 학년과 단원별로 분류된 교과콘텐츠가 풍부하게 제공되고 있어서 편리해 보였지만, 현장선생님들이 즐겨 사용하고 있는 '아이***' 등과 비교해 솔직히 경쟁력이 있어보이진 않았다.

  오히려 e학습터에서 필자가 주목했던 것은 온라인을 통해 학생 개인별 출결과 진도, 성적 등을 관리하도록 도와주는 'LMS(learning management system)'라 불리는 온라인 학습 관리시스템이었다. e학습터에서 교사인증만 받으면, LMS의 모든 기능을 사용할 수 있게 되는데, 학급개설부터 강좌관리, 신규콘텐츠 업로드, 학생계정관리(생성, 변경, 삭제)까지 체계적인 온라인 수업관리가 가능했다.

  동학년 선생님들을 부담임으로 지정하면 강좌를 함께 만들어갈 수도 있다. 특히 담당교과와 역할을 나눠 학년단위로 협업해 온라인 수업을 준비하는 경우에 유용하다. 사소한 부분일지 모르지만, 강좌를 어떻게 분류하고 생성하느냐에 따라 학생별 출결과 수업이수여부를 확인하는 방법이 달라진다. 예를 들어 교과, 단원, 주제별로 강좌를 생성하게 되면, 각 과목별 수업이수확인이 수월하지만 날짜별 확인은 쉽지 않다. 반면,

날짜별 강좌개설은 과목별 수업이수여부를 한꺼번에 확인하는 것이 불편해도 일별 수업이수여부와 출결을 확인하는데 용이하다.

우리 학년은 두 가지 방안을 놓고 논의를 거듭하다가 날짜별로 강좌를 생성하고, 차시별로 주제를 나열하는 방식을 택했다. 결과부터 말하자면, 학생들의 차시별 수업이수와 출결을 확인하는데 있어서 날짜별 강좌생성이 매우 탁월한 선택이었다. 실제로 e학습터를 통해 크게 힘들이지 않고, 학생들의 출결과 수업이수여부를 매일매일 확인할 수 있었다.

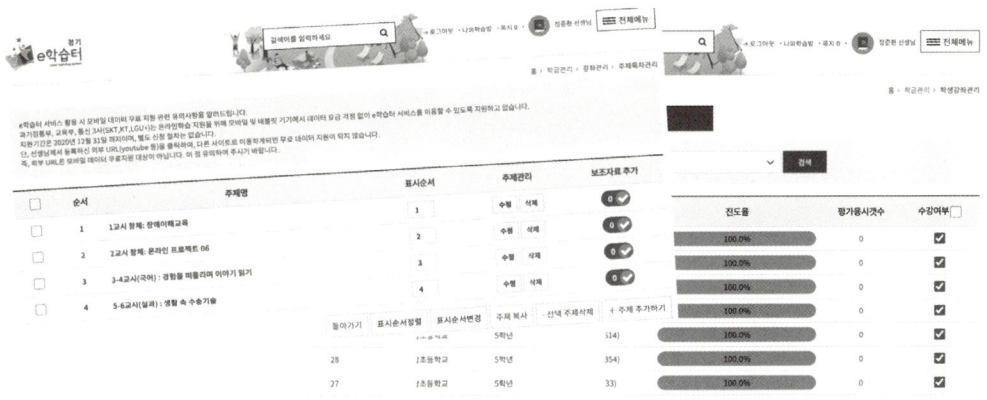

[e학습터의 차시별 강좌관리(좌)와 학생별 진도율을 확인할 수 있는 학생강좌관리(우) 화면]

이처럼 LMS로서의 탁월한 기능이 돋보였던 e학습터지만, 네이버밴드의 커뮤니티 기능을 대체할 정도는 아니었다. 다섯 번의 온라인 프로젝트를 경험하며, 네이버밴드에 익숙해진 온라인 학습환경을 포기할 수도 없는 노릇이었다. 네이버밴드에 e학습터를 더하는 것이 학생들에게 부담으로 작용할 수 있다는 우려도 있었지만, 결국 서로 다른 성격과 기능을 보완적으로 활용하자는 쪽으로 의견이 모아졌다. 막상 적용해보니 이런 초기 우려는 작은 불편함에 불과했다. 그보다 네이버밴드와 e학습터의 각 특성을 상호보완적으로 활용하니 기대 이상의 콜라보가 연출됐다. 학생들도 e학습터가 더해진 새로운 온라인 학습환경에 빠르게 적응해갔다.

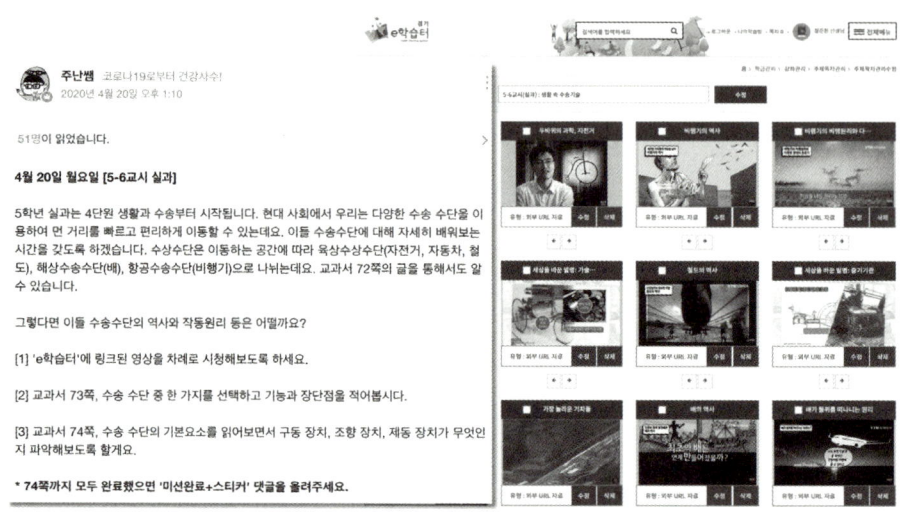

[네이버밴드(좌)와 e학습터(우) 실과 온라인 수업 예]

당시 모든 학교현장의 선생님들이 그랬듯, 온라인 수업환경구현 외에도 늦은 개학으로 인한 수업일수 단축, 그로 인한 교과별 수업시간단축이 큰 고민으로 다가왔다. 교과진도의 부담감이 커진 상태에서 교육과정 재구성은 엄두조차 내질 못한 상황이었다. 교과수업준비로 24시간이 부족한 상황에서 교과와 연계한 온라인 프로젝트를 실천하기란 현실적으로 어려웠다, 그렇다고 지금까지 꾸준히 실천해왔던 온라인 프로젝트를 중단할 순 없었다.

궁여지책이었지만, 일단 온라인 프로젝트를 창체 시간에 배정해 운영해보기로 했다. 과거 교실에서 실천했던 PBL수업 가운데 학생 개개인의 출발점과 상관없이 모두가 참여 가능한 프로젝트 과제를 선정해 온라인 환경에 맞게 재구성하는 방법을 택했다.

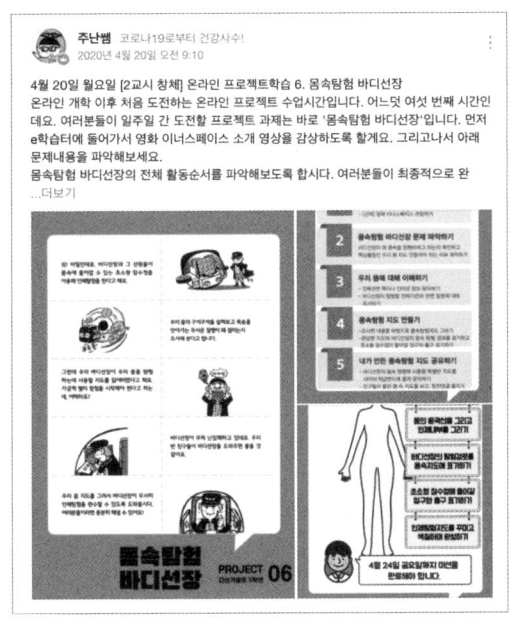

그렇게 선정된 여섯 번째 온라인 프로젝트는 '몸속탐험 바디선장', 이 PBL은 2003년 현장에 처음 만들어 적용한 이후, 학생들에게 긍정적인 호응을 얻었던 수업이기도 하다. 저학년부터 고학년까지 폭넓게 실천할 수 있기 때문에 교과수업과 연계해 적용할 수도 있다. 슬기로운 생활 1학년 1학기 '몸의 각 부분 알기'나 과학 6학년 2학기 '우리 몸의 구조와 기능' 단원과 연계해 수업을 구성하는 것도 고려할 수 있다. 참고로 관련 수업사례는 「재미와 게임으로 빚어낸 신나는 프로젝트학습(상상채널)」에 수록되어 있고, 만화형식으로 각색한 워크시트는 「교사, 프로젝트학습에서 답을 찾다(상상채널)」에 실려 있다.

여기서 온라인 수업용 프로젝트 과제카드를 만드는 데 활용된 것은 만화형식으로 각색한 워크시트였다. 거기에 큰 노력을 기울이지 않더라도 누구나 수준 높은 디자인 결과물을 만들어 낼 수 있는 미리캔버스(miricanvas.com)가 활용되었다. 필자가 온라인 수업용으로 개발한 프로젝트 과제카드의 대부분을 미리캔버스로 제작했던 이유 중에 하나는 저작권 걱정 없이 상업적 사용까지 가능한 무료 디자인 도구이기 때문이다. 더욱이 전문가의 손길이 느껴지는 템플릿과 일러스트, 텍스트 스타일 등등 온라인 프로젝트 과제카드를 만드는 데 필요한 거의 모든 것이 제공되고 있어서 작은 노력에도 만족스런 결과를 얻을 수 있었다.

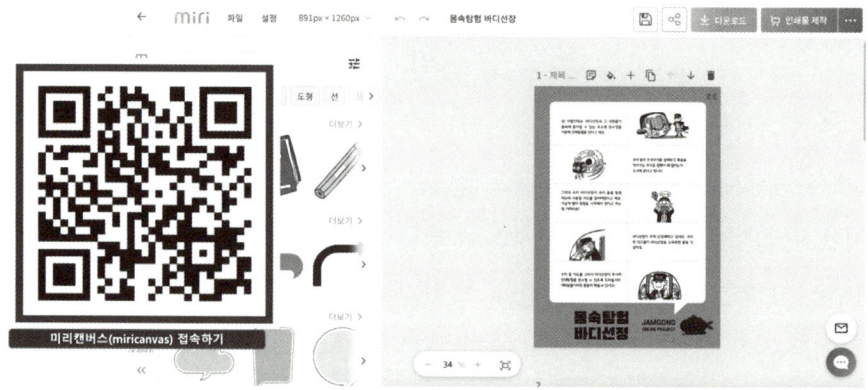

[미리캔버스 편집화면과 접속QR코드]

미리캔버스를 활용해 학습의 흐름을 한 눈에 확인할 수 있는 활동순서카드도 만들었다. 활동순서카드는 학생들이 PBL과제를 파악하고, 학습과정 중간에 길을 잃지 않도록 하는데 목적을 둔다. 여섯 번째 온라인 프로젝트부터 학생들에게 제공된 이후, 동일한 양식으로 다른 온라인 프로젝트에도 활용되었다.

실제로 활동순서카드는 온라인 학습환경에서 학생들에게 핵심길라잡이가 되어주었다. '몸속탐험 바디선장' 수업의 경우에도 학생들은 제시된 활동순서에 따라 e학습터에 있는 영화 '이너스페이스' 소개영상을 시청하고, 영화 속 이야기(주인공이 뜻하지 않게 초소형화된 잠수정을 타고 인체모험을 하는 내용)를 떠올리며 바디선장이 우리 몸속을 탐험하려는 이유를 파악하기도 했다.

학생들의 '몸 속 탐험지도 만들기' 도전은 우리 몸의 구조와 각 기관에 대한 공부를 시작으로 본격화되었다. 나름 학생들은 인체관련 책이나 인터넷 정보를 찾아보고, 인간을 위협하는 질병들까지 조사해가며 바디선장의 인체탐험코스를 그려냈다. 물론 100% 온라인이라는 현실적인 제약 때문에 교실에서 진행되는 오프라인 수업과 동일한 수준의 결과물을 기대하긴 어려웠다. 교실수업이라면, 과정마다 교사의 친절한 안내가 제공되고, 단계별 활동 하나하나 세심한 지도가 이루어졌겠지만, 서로의 이름마저 낯선 상태에 온라인 수업은 여러모로 쉽지 않았기 때문이다. 무엇보다 모둠 단위의 협업을 통해 최상의 결과를 도출하는 일반적인 PBL과정과 달리 학생 개개인의 능력만으로 진행되는 방식에는 한계가 분명했다.

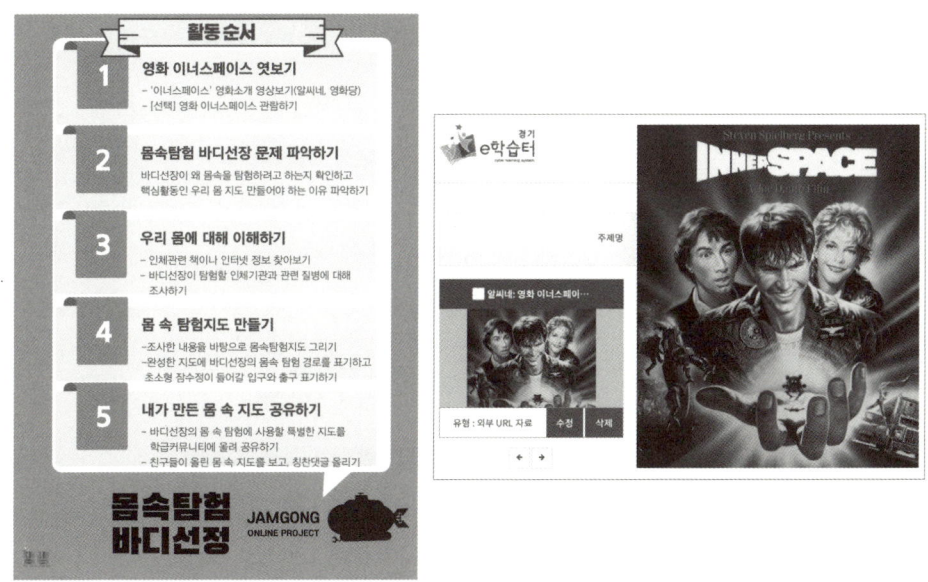

[몸속탐험 바디선장 활동순서카드(좌)와 e학습터에 올린 이너스페이스 소개영상링크(우)]

그럼에도 불구하고 학생들의 온라인 참여는 적극적이었다. 각자의 출발점에서 최선을 다했고, 최종목적인 바디선장을 위한 몸 속 탐험지도도 멋지게 완성해냈다. 공유마당이 펼쳐진 온라인 학급밴드에는 창의적으로 표현된 인체탐험지도들이 가득했다.

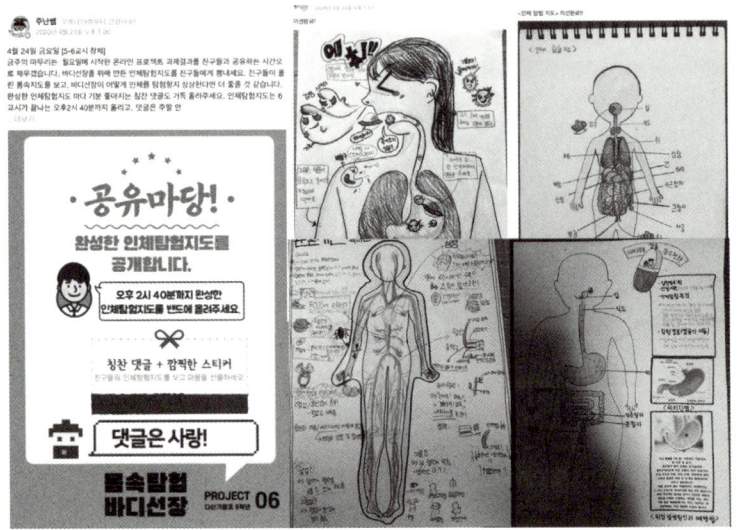

[인체탐험지도 공유마당 안내(좌)와 초등학교 5학년 학생들이 만든 인체탐험지도(우)]

온라인 학습환경에서 '몸속탐험 바디선장' PBL수업을 실천하고 싶다면, 해당 구글사이트를 활용하는 것도 괜찮다. QR코드만 찍으면 손쉽게 접속할 수 있으며, 구글사이트 고유링크를 학급커뮤니티에 올리면 학생들과 간단하게 공유할 수 있다.

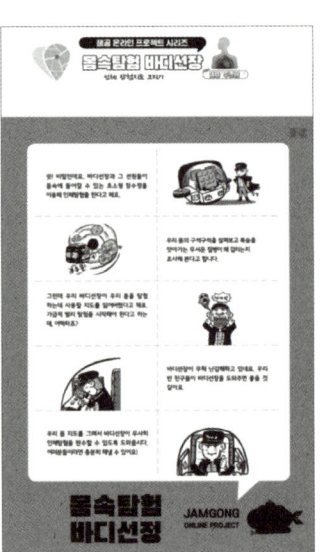

모두가 처음 겪는 온라인 학습상황이 3월을 지나 4월까지 이어지자 필자 스스로도 몸과 마음이 점점 지쳐가는 것이 느껴졌다. 생활리듬이 깨진 채 무기력에 빠진 일상에

놓인 학생들의 모습들 역시 온라인 창 너머로 종종 목격됐다. 어른뿐만 아니라 아이까지 코로나19로 인한 집단 우울감, 즉 '코로나 블루'에 빠진 것이 분명해 보였다. 뭔가 분위기 반전을 도모할 프로젝트 활동이 필요한 시기였다. 일곱 번째 온라인 프로젝트 주제를 결정하는 과정에서 이런 상황이 작용할 수밖에 없었다.

기억 저편에 머물고 있던 도전적이고 역동적인 프로젝트 수업을 소환해가며 어떤 PBL 활동이 좋을지 고민을 거듭했다. 그러다가 문득, 골드버그장치 만들기 프로젝트가 머릿속을 스쳐갔다. 동시에 교실에 팀별로 골드버그장치를 만들어 차례로 시연할 때 흥미진진한 표정으로 참여하던 옛 제자들의 모습들이 아련하게 떠올랐다. 기대감과 긴장감, 성공하는 순간 느껴지는 환희! 분위기를 전환하는데 안성맞춤인 도전과제였다.

'골드버그장치를 만들어라!' 온라인 프로젝트는 골드버그장치에 대한 사전이해를 돕기 위한 활동부터 시작됐다. e학습터에 올린 관련 영상들은 골드버그장치에 대한 기본적인 이해뿐만 아니라 자기만의 골드버그장치 아이디어를 머릿속에 그리는데 도움을 주었다. 학생들은 문제상황이 담긴 과제카드와 활동순서카드를 보며 학습할 내용과 흐름을 파악하고, 학급밴드에 적힌 교사의 안내문구에 따라 관련 활동을 진행했다.

[e학습터에 올린 골드버그장치 관련 영상들]

한편 골드버그장치 만들기를 수행하는데 일주일이라는 기한이 너무 촉박하다는 의견이 동학년 안에서 나왔다. 가족들이 함께 참여하기 위해서라도 휴일이 포함된 넉넉한 시간을 제공할 필요가 있다는 의견이었다. 솔직히 여기엔 자녀의 요청을 외면하기 힘든 어린이날을 넣어 부모의 적극적인 참여를 이끌어내자는 복안도 깔려 있었다.

[과제수행 기한 연장공지(좌)와 골드버그장치 만들기 수업 안내(우)]

학생들은 과제수행기간이 연장됨에 따라 골드버그장치 관련 사례를 좀 더 찾아보고, 머릿속에 그려본 각종 아이디어들을 꺼내 하나하나 구체화시켜갔다. 특히 e학습터에 올려진 국립과천과학관 골드버그대회 영상 속 또래 친구들이 구현한 각종 골드버그장치들로부터 유용한 팁도 얻을 수 있었다. 그런데 신기하게도 학생들이 고안한 골드버그장치 가운데 단순히 모방한 작품은 하나도 나오지 않았다는 사실이다. 이를 증명하듯 저마다 정성들여 완성한 골드버그장치 설계도의 모습은 제각각이었다.

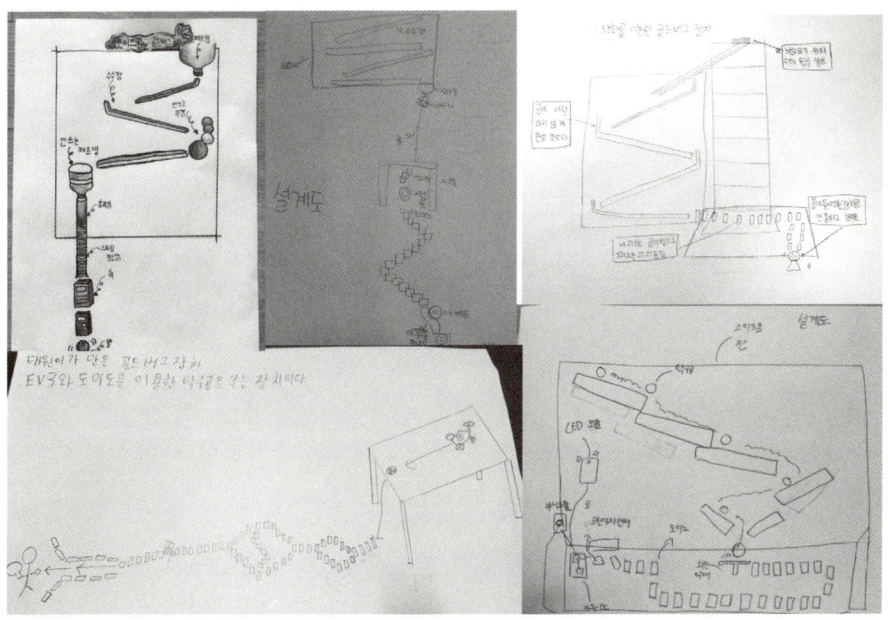

[초등학교 5학년 학생들이 그린 골드버그장치 설계도들]

이제 남은 미션은 설계도대로 골드버그장치를 구현하는 과제, 기한을 연장한 숨은 의도대로 부모의 적극적인 참여가 이루어졌다. 특히 과제의 성격상 아버지의 참여는 필수에 가까웠다. 학생들은 수많은 시행착오를 겪으며 골드버그장치를 만들었고, 가족과의 협업을 통해 완성도를 높여갔다. 그리고 결국 세상에 하나뿐인 멋진 골드버그장치를 만들어냈다. 학생들 모두 온라인 프로젝트의 제목대로 '골드버그장치를 만들어라!' 과제를 멋지게 해결한 것이다.

　마침내 2020년 5월 7일, 예고대로 랜선을 통한 골드버그장치 온라인 콘테스트가 열렸다. 참가 학생들은 골드버그장치 설계도, 사진, 영상 등을 묶어서 학급밴드에 올렸고, 작품 하나하나를 감상하며 긍정적인 피드백을 남겼다. 여러모로 제한적인 여건임에도 대부분의 학생들은 적극적으로 참여해주었고, 창의적인 결과물로 화답해주었다. 학생들의 자발적인 참여 덕분에 일곱 번째 온라인 프로젝트 역시 성공적으로 마무리될 수 있었다.

[학급밴드에 올린 골드버그장치 영상들(좌)과 이들 사례를 모아 놓은 QR코드(우)]

이처럼 인터넷으로 촘촘히 연결된 온라인 세상 속에선 학생들이 머문 곳이 어디든 창의적이며 생산적인 PBL무대가 될 수 있다. 매력적인 프로젝트 과제만 있다면, 학생들은 스스로 만들고 능동적으로 행동하며 다양하게 표현한다. 100% 온라인 상황일지라도 프로젝트 수업은 학생들에게 자기주도적인 학습환경을 제공해주기 때문이다.

도저히 이제는 온라인 프로젝트를 멈출 수 없는 단계가 되어버렸다. 교과, 단원 순으로 잘 정리된 상당한 양의 디지털 교과콘텐츠가 무난한 온라인 수업을 보장해준다고 해도, 이미 PBL의 맛에 빠져버린 제자들을 외면하긴 어려운 상황이 되어버렸다. 지식전달 위주의 교과콘텐츠 외에 달리 선택지가 없었던 상황에서 온라인 프로젝트는 좋은 대안이 되어 주었다.

다만 창의적 체험활동 시간을 활용한 온라인 프로젝트의 실천은 교육과정 운영에 있어서 부담이 됐다. 평균 4차시 정도의 창체 시간만으로는 온라인 프로젝트를 수행하는 데 어려움이 있었다. 온라인 프로젝트의 과정이 온전히 수업 안으로 들어오려면 시수확보가 필요했고, 활동의 성격에 따라 교과와 연계한 PBL설계가 요구됐다. 여덟 번째 온라인 프로젝트부터는 이를 고려한 접근이 이루어지기 시작했다. 참고로 이와 관련한 온라인 프로젝트 사례는 후속편인 잼공온라인프로젝트 2탄에 수록되어 있다.

아무튼 '골드버그장치를 만들어라!' 온라인 프로젝트가 끌린다면, 망설이지 말고 도전해보면 좋겠다. 이 PBL수업의 구글사이트 고유링크를 학생들과 공유하고 진행한다면 좀 더 수월하게 실천할 수 있을 것이다.

미리캔버스로 PBL수업을 위한
온라인 과제카드를 만들어볼까요?

온라인 프로젝트를 실천하기 위해 가장 필요한 것이 무엇일까요? 동영상 강의와 과제에 지쳐 있는 학생들의 흥미를 한 번에 사로잡을 온라인 PBL 과제카드일 것입니다. 문제의 출발점, 활동안내, 퀘스트 내용을 단순히 글로만 전달하기보다는 직관적인 과제카드로 제작해 온라인 학급커뮤니티에 제시한다면 학생들이 PBL수업에 더욱 확실하게 몰입할 수 있지 않을까요? 하지만 디자인 감각을 총 동원해도 세련되고 멋진 PBL 과제카드를 제작하지 못할 것 같아 너무 걱정되시나요? 걱정마세요! 이런 부담감에서 벗어날 수 있도록 도와 줄 좋은 도구가 있으니까요. 바로 미리캔버스, 망고보드, 칸바 등의 무료 디자인 플랫폼입니다. 그중 사용 방법이 쉽고, 워터마크가 남지 않으며 온라인 수업에 적절한 템플릿을 다양하게 제공하는 미리캔버스를 추천합니다. 미리캔버스는 디자이너들이 이미 만들어둔 다양한 템플릿을 제공하고 있는데요, 온라인 PBL주제에 맞는 템플릿을 선택해서 내용만 바꾸어주고 다운로드를 받으면 수업 준비 완료입니다. 그렇다면 미리캔버스를 사용하여 온라인 과제카드를 어떻게 만들면 좋을까요? 이어지는 꿀팁에 주목해주세요.

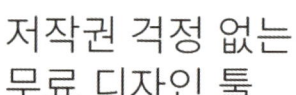

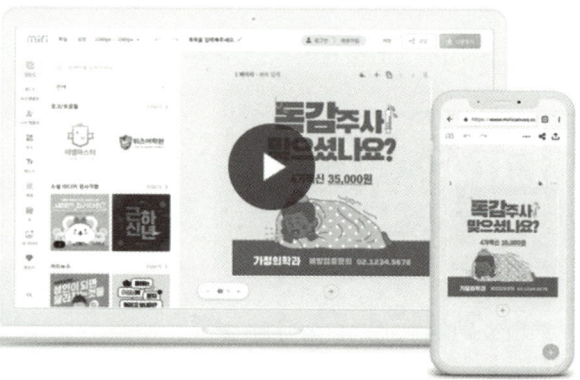

미리캔버스 사용 꿀팁

❶ PBL수업을 위한 온라인 과제카드 제작 시 추천하는 '웹 포스터' 템플릿!
미리캔버스에서 제공하는 다양한 템플릿 중 '웹 포스터' 또는 '카드 뉴스'를 사용해보세요. 특히 '웹 포스터'는 860px×1260px의 넉넉한 사이즈이기 때문에 카드를 풍성하게 꾸밀 수 있답니다.

❷ 템플릿을 선택했다면? 덮어쓰기를 꼭 눌러주세요!
마음에 드는 템플릿의 더보기를 눌러 '이 템플릿으로 덮어쓰기'를 클릭해야 해당 템플릿의 크기와 모양이 적용됩니다. 템플릿만 클릭하면 크기가 다르게 적용될 수 있어요!

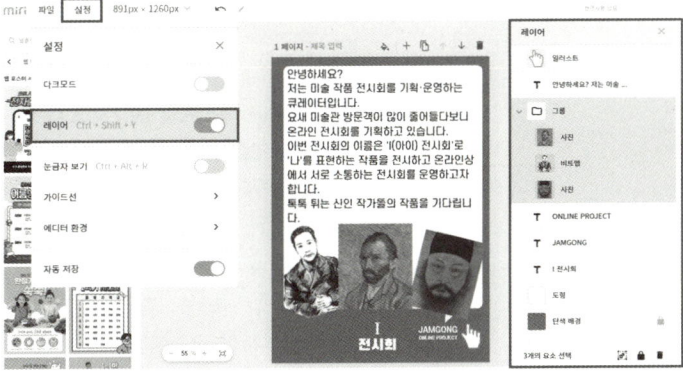

❸ 더 세밀한 편집을 원하다면? 레이어!
내용을 편집할 때는 설정 탭에서 '레이어'를 켜고 웹 포스터의 요소들을 확인하며 편집하는 것이 좋습니다. 그룹으로 묶여 있는 요소들은 그룹 해제( )를 눌러 각각의 요소를 편집할 수 있답니다.

❹ 저작권 free! 다양한 요소를 넣어 과제 카드를 꾸며보세요!

'요소' 탭에는 일러스트, 조합, 도형, 선, 프레임, 표 등이 들어있습니다. 그 중 일러스트는 비트맵 또는 벡터 방식의 그림파일로 글자나 색 수정은 할 수 없습니다.

❺ 사진을 프레임 속으로 넣기!

'요소' 탭의 프레임 중 원하는 모양의 프레임을 선택한 뒤 원하는 사진을 프레임 속으로 드래그-앤-드롭 해보세요. 프레임의 모양에 맞게 사진이 자동으로 맞춰집니다.

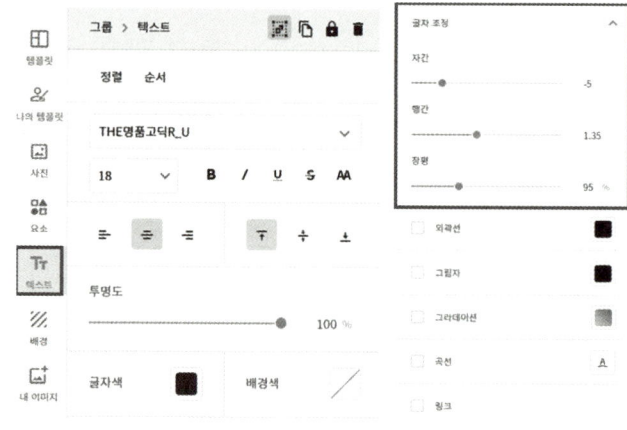

❻ 텍스트의 스타일도 내 마음대로!

꾸미고 싶은 텍스트를 선택한 뒤 정렬, 순서, 글씨체와 크기, 글자색 등을 바꾸어보세요. 뿐만 아니라 '글자 조정'을 누르면 자간, 행간, 장평까지 조절이 가능합니다.

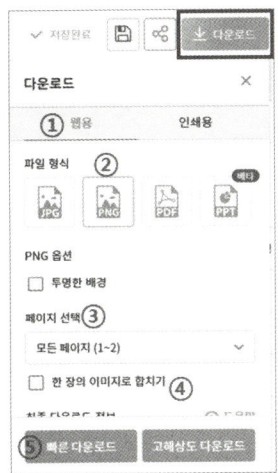

❼ **이미지 파일을 다운로드 받을 때! JPG냐 PNG냐? 상황에 맞게 선택하세요!**
이미지파일을 다운로드 받을 때는 용도, 파일 형식, 페이지 선택, 한 장의 이미지로 합치기 선택을 해야 합니다. PNG파일은 투명한 배경으로 저장할 수 있고 화질이 좋지만 JPG파일보다 용량이 큽니다. 상황에 맞는 파일 형식을 선택해보세요!

❽ **내가 만든 디자인을 공유할 수 있다!**
선생님이 만든 파일을 온라인 학급방에 바로 올리고 싶다면? 옆 반 선생님에게 내가 만든 디자인을 공유하고 싶다면? 디자인 문서를 공개로 설정하고 공유 링크 권한을 설정하세요! '보기 가능'은 단순히 볼 수만 있고 '복제 가능'은 파일을 복제하여 자유롭게 편집할 수 있습니다.

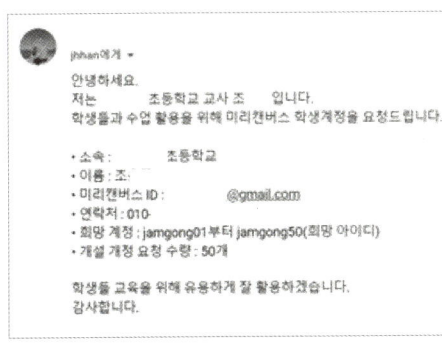

❾ **학생들도 미리 캔버스에 가입해서 발표 자료를 만들 수 있어요!**
초등학생들의 경우 메일 주소가 없는 경우가 많습니다. 하지만 미리캔버스에 학생 계정을 요청하면 원하는 개수만큼 학생용 아이디와 비밀번호를 제공해준다는 것!
미리캔버스 이메일(miricanvas@miridih.com)로 소속, 선생님 이름, 미리캔버스 id, 연락처, 희망 계정, 개설 개정 요청 수량을 보내보세요!

*미리캔버스로
수업 자료 만들기
전체 과정이 궁금하시다면?
잼공TV에서 제공하는
설명영상을 참고하세요.
QR코드를 통해 손쉽게
접속할 수 있습니다.*

◁◁ 미리캔버스 설명영상 QR코드

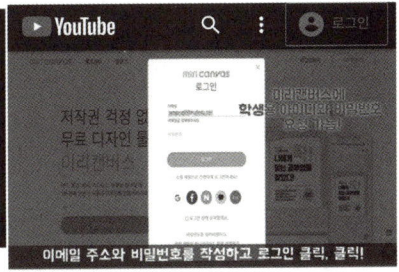

미리캔버스(miri canvas)로 카드뉴스와 유튜브 썸네일 쉽게 만들기 꿀팁!

2부

실전!
잼공 온라인 프로젝트

～～～～～～～～～～～～～～～

"지루하고 일상적인 수업을
재밌게 바꿀 수 있는 방법은
항상 고민입니다.."

 프로젝트 수업에 남다른 열정을 뽐내는 재미교육연구소 연구원들, 그들이 만들어 현장에 실천한 온라인 프로젝트를 일부 공개해본다.

'2부 실전! 잼공 온라인 프로젝트'에서는 온라인 프로젝트의 실천이 용이하도록 고안된 활동지와 각 단계별 수업 팁이 꼼꼼하게 기록되어 있다. 특히 학습꾸러미로 배부된 활동지만으로도 프로젝트 수업참여가 가능하다. 학생들은 활동지에 있는 QR코드를 통해 온라인 과제카드를 확인할 수 있고, 관련 학습활동의 이해를 돕는 멀티미디어 자료에 손쉽게 접근할 수 있다. 그렇다면 7명의 선생님들은 'PBL CREATOR'로서 어떤 온라인 프로젝트를 학교현장에 실천했을까. 아무쪼록 그들의 작지만 의미 있는 시도들을 자신의 현장에 적용해보길 바란다.

프로젝트 수업의 정식명칭은 '프로젝트기반학습(Project Based Learning)'입니다. 이 책에서는 영문약칭인 PBL을 비롯해 프로젝트학습, 프로젝트 등으로 표현하고 있습니다.

CHAPTER 03 Dream Job Fair, 온라인 직업박람회가 열리다

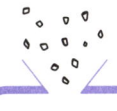

커버스토리 Cover Story

학생으로 보내는 시간은 다가올 우리의 미래, 특히 행복한 직업생활을 위한 준비기간입니다. 스스로 무엇을 잘하고 좋아하는지, 어떤 직업을 가질 것인지에 대해 끊임없이 공부해야 하는 시기입니다. 그런 의미에서 꿈(진로)에 대한 공부는 국어, 영어, 수학보다 한 백배쯤은 더 중요한 것일 수 있습니다. 그럼에도 불구하고 우리들은 이런저런 이유로 꿈 공부를 뒤로 미룬 채, 남들 하는 대로 그냥 노력만 기울이고 있습니다. 정작 자신이 타고 있는 인생의 배가 어디로 향하는지도 모른 채 말이죠. 이제 꿈을 향해 노를 잡아야 합니다.

자, 그래서 준비했습니다. 여러분들의 꿈 공부에 길라잡이가 되어줄 'DREAM JOB FAIR', 온라인 직업박람회를 통해 본격적인 노젓기를 시작해 보는 것은 어떨까요? 모든 구성원이 함께 만들어가는 특별한 직업박람회를 통해 다양한 직업세계에 푹 빠져봅시다.

::: 온라인 프로젝트 QR CODE :::

Step 01. 도입영상 시청하기

Step 02. 커버스토리 확인하기

활동순서 Activity Flow

❶ 온라인 프로젝트 과제 이해하기
커버스토리 파악하기 | 활동순서 살펴보기

❷ [퀘스트1] 나의 대한 보고서
나에 대한 탐구 | 나의 흥미 탐구

❸ [퀘스트2] 직업탐색
나에게 맞는 직업 찾기 | 후보직업 3개를 선정해 조사하기

❹ [퀘스트3] 미래직업의 조건
후보직업 가운데 미래에도 유망할 직업 선정하기

❺ [퀘스트4] 온라인 직업박람회 참가
영상과 팸플릿 제작하기 | 온라인 직업박람회 참가하기

Step 03. 전체 활동과정 짚어보기

Step 04. 관련영상 시청하기

지식채널e 일자리의 미래

[Q1] 나에 대한 보고서

이 세상에 존재하는 수많은 직업 가운데 무엇을 선택하는 것이 좋을까요? 이 질문에 답하기 위해선 일단 내가 어떤 사람인지에 대해 이해해야 합니다. 나는 무엇을 할 때 즐거운지, 무엇을 잘하는지, 무엇을 하고 싶어 하는지를 알아야 자신의 적성에 맞는 직업을 선택할 수 있습니다. 평소 흥미와 호기심을 갖고 있는 분야들에 대해 아는 것도 필요합니다. '나'에게 맞는 최적의 직업은 나에 대한 탐구가 선행되어야 알 수 있습니다. 그렇다면 나에 대한 본격적인 탐구를 시작해 볼까요?

::: 온라인 프로젝트 QR CODE :::

Step 05. 퀘스트1 과제확인하기

❶ [나에 대한 탐구] 나는 어떤 사람인가? 어떤 사람이길 원하는가?

Action Tips 나에 대한 탐구가 중요합니다. 부모님을 비롯하여 다른 사람의 의견도 참고해 보세요. 내가 정말 하고 싶은 일을 찾기 위해선 나를 이해하는 것이 필수입니다. 나의 성격, 특징, 성향, 기질 등을 파악해 봅시다.

❷ [나의 흥미 탐구] 내가 좋아하고 잘하는 것들, 평소 흥미와 호기심을 갖고 있는 모든 것들을 탐색하시오.

Action Tips 나의 흥미 탐구가 잘 이루어질수록 자신에게 맞는 직업을 선택할 가능성이 높아집니다. 교과를 기준으로 찾지 말고, 활동이나 일을 중심으로 탐색해 보세요.

나만의 교과서

 활동과정을 다시 떠올려보세요. 배우고 느낀 점들을 그냥 낙서하듯 자유롭게 표현하면 됩니다.

스스로 평가
자기주도학습의 완성!

나의 신 효 등

1	나는 과거의 경험들과 부모와 친구, 선생님 등의 의견을 종합하며 나의 성격과 특징, 성향을 파악하였다.	① ② ③ ④ ⑤
2	나는 평소 관심을 기울이고 있거나 잘하는 것, 좋아하는 것들을 두루 살펴보며, 흥미탐구를 진행하였다.	① ② ③ ④ ⑤
3	나는 문제해결을 위해 탐구한 내용과 수집한 정보를 바탕으로 나만의 교과서를 멋지게 완성하였다.	① ② ③ ④ ⑤

 직업탐색

여러분이 온라인 직업박람회에 참여하려면 직업의 전문가가 되어야 합니다. 그러자면 일단 내가 어떤 분야의 직업을 원하는지 살펴보아야 하겠죠? 이왕이면 미래전망이 좋은 직업을 선택하고, 해당 전문가 수준의 지식을 얻기 위해 노력해야 할 것입니다. 나에 대한 탐구결과를 바탕으로 자신에게 안성맞춤인 직업(미래직업)들을 탐색해 보도록 합시다. 나와 환상적인 궁합을 자랑할 직업은 과연 어떤 것일까요? 그 결과가 궁금해지네요.

❶ [직업탐구] 커리어넷(career.go.kr)에 접속해서 나에게 맞는 최적의 직업들을 탐색하시오.

내가 탐색한 직업들	핵심정보

Action Tips 반드시 나에 대한 탐구를 바탕으로 직업 탐색을 진행해야 합니다. 커리어넷에서 나에게 맞는 직업군을 고르고 세부적인 직업들을 탐색해보세요. 가급적 많은 직업들을 찾아보도록 합니다.

❷ [후보직업선정] 커리어넷에서 탐색한 직업 가운데 3개의 후보직업을 선정하고, 관련된 정보를 자세히 조사해 보세요.

① 조사내용요약	선정이유
② 조사내용요약	선정이유
③ 조사내용요약	선정이유

Action Tips 선택한 후보직업에 대해 상세히 조사하는 것이 중요합니다. 특히 해당 직업을 갖기 위해 어떤 과정이 필요한지, 어떤 것을 배우고, 어떤 능력을 갖춰야 하는지 자세히 찾아보도록 합시다. 그리고 해당직업을 선택한 이유도 정리해주세요.

나만의 교과서

공부한 내용 중에 오랫동안 기억 속에 담아 두고 싶은 지식은 무엇입니까? 여러분들이 엄선한 지식 열매를 보물상자에 담아주세요.

스스로 평가
자기주도학습의 완성!

나의 신호등

1	나에 대한 탐구와 나의 흥미 탐구를 토대로 나에게 맞는 최적의 직업들을 탐색하였다.	① ② ③ ④ ⑤
2	나는 선택한 후보직업에 대해 자세히 조사하고, 해당 직업을 갖기 위해 필요한 절차와 하는 일 등을 파악하였다.	① ② ③ ④ ⑤
3	나는 문제해결을 위해 탐구한 내용과 수집한 정보를 바탕으로 나만의 교과서를 멋지게 완성하였다.	① ② ③ ④ ⑤

Q3 미래직업의 조건

오래 전 시내버스에는 요금징수와 하차안내를 맡았던 버스안내원이 있었습니다. 당시 제법 많은 여성들이 버스안내원으로 종사했죠. 그러나 요금수납기와 자동문이 달린 버스가 등장하자 이들의 직업은 순식간에 사라졌습니다. 버스비를 교통카드로 결제하면서부터 토큰과 회수권을 판매하던 간이 부스도 마찬가지였죠.

한때, 동네슈퍼마켓보다 더 많았던 비디오대여점도 인터넷 TV의 등장과 함께 빠르게 사라져갔습니다. 이처럼 과학기술의 발전으로 인해 없어진 직업들은 이미 수없이 많습니다. 그러니 4차 산업혁명의 시대는 차원이 다릅니다. 과연 현재 유망한 직업들이 미래에도 살아남을 수 있을까요? 내가 선택한 직업이 가까운 미래에 사라질 직업은 아닌지 조사해봅시다. 끝내 사라져 버릴 직업을 꿈으로 가지면 안될테니까요.

::: 온라인 프로젝트 QR CODE :::

Step 08. 퀘스트3 과제확인하기

Step 09. 관련 영상 시청하기

4차 산업혁명 시대의 일자리
[기획재정부]

❶ [사라질 직업조사] 4차 산업혁명 시대에 사라지게 되거나 위협받게 될 직업을 조사해 봅시다.

새로운 기술	위협받는 직업들
무인자동차	
3D 프린터	
인공지능	

Action Tips 무인자동차, 인공지능(AI), 3D프린터, 사물인터넷(IoT), 드론, 로봇, 가상현실 등으로 대표되는 4차 산업혁명 시대가 본격화되면 사라질 위험에 놓일 직업들이 많습니다. 새로운 기술을 중심으로 어떤 직업들이 위협받게 될지 조사해서 정리해보세요.

❷ 4차 산업혁명 시대에 새롭게 등장할 직업들을 포함해 미래유망직업을 알아봅시다.

미래유망직업	조사한 내용

Action Tips 새롭게 등장하는 4차 산업혁명 기술을 중심으로 미래에 등장할 직업들을 찾아보세요. 커리어넷에서 '4차산업혁명', '미래직업' 등을 키워드로 검색해보면 다양한 미래직업들을 쉽게 찾을 수 있습니다.

❸ 선택한 후보직업들이 미래에도 유망한 직업인지 검증하고, 최종 직업을 선정해주세요.

후보직업 검증 결과	내가 선택한 최종 직업

Action Tips 미래의 관점에서 선택한 후보직업을 검증해 보도록 합니다. 후보직업들 가운데 미래에도 유망할 직업인지 확인하고 최종 선택하도록 하세요.

나만의 교과서

나의 지혜나무 배운 내용의 중심용어(단어)들로 지혜나무를 완성해 주세요. 관련성이 높은 용어들을 한 가지에 묶어 주는 것이 중요합니다. 탐스런 지식열매가 가득 차도록 자유롭게 꾸며주세요.

스스로 평가
자기주도학습의 완성!

나의 신호등

1	나는 4차 산업혁명 시대에 사라지게 되거나 위협받을 직업들을 조사하였다.	① ② ③ ④ ⑤
2	나는 미래유망직업들에 대해 알게 되었다.	① ② ③ ④ ⑤
3	나는 미래의 관점에서 후보직업들을 검증하고, 최종 직업을 선택하였다.	① ② ③ ④ ⑤
4	나는 문제해결을 위해 탐구한 내용과 수집한 정보를 바탕으로 나만의 교과서를 멋지게 완성하였다.	① ② ③ ④ ⑤

 온라인 직업박람회에 참가하기

드디어 여러분들은 해당 직업의 전문가로 거듭났습니다. 이 직업에 대한 이해와 경험을 다른 친구들과 공유하는 온라인 직업박람회를 앞두고 있는데요. 자신이 선택한 직업의 소개영상과 직업설명이 담긴 팸플릿(소책자)를 만들어 참가하는 것입니다. 자, 그럼 온라인 직업박람회 'DREAM JOB FAIR'를 열어볼까요? 아무쪼록 미래의 꿈을 향해 크고 깊은 도전과 영감을 줄 수 있는 멋진 박람회가 되길 바랍니다. 행운을 빌어요.

::: 온라인 프로젝트 QR CODE :::
Step 10. 퀘스트4 과제확인하기

❶ [직업소개영상제작] 자신이 최종 선택한 직업을 소개하는 영상을 제작하세요.

스토리보드 #1	#2	#3
#4	#5	#6

Action Tips 온라인 직업박람회에 참가한 사람들이 관심을 유발할 수 있도록 광고 형식의 짧은 영상을 제작하는 것이 좋습니다. 주요장면을 스토리보드로 표현하고 영상제작에 도전해보세요.

❷ [팸플릿 제작] 퀘스트2와 3에서 조사한 내용을 바탕으로 팸플릿(소책자)를 제작하세요.

팸플릿에 수록될 주요 내용	

Action Tips 팸플릿 사례를 찾아보고, 직업분위기에 맞는 디자인을 고르는 것이 좋습니다. 영상과 달리 비교적 자세한 내용을 담아낼 수 있도록 구성해주세요.

❸ 직업소개영상과 직업설명이 담긴 팸플릿을 온라인 직업박람회 공간에 올려주세요. 그리고 박람회를 통해 새롭게 접한 인상적인 직업 TOP5를 선정하고 배운 점을 기록해주세요.

직업	❶	❷	❸	❹	❺
배운 점					

Action Tips 먼저 온라인 직업박람회 공간에 올린 다른 친구들의 직업소개영상과 팸플릿을 모두 보는 것이 중요합니다. 꼼꼼히 살펴보고 참가자로서 궁금한 점은 댓글로도 남겨주세요. 인상적인 직업을 선정하고 배운 점을 기록하는 것도 잊지 마세요.

나만의 교과서

프로젝트학습을 수행하는 과정에서 배우고 느낀 점은 무엇입니까? 머릿속에 담겨진 그대로 꺼내어 마인드맵으로 표현해 봅시다. 더불어 학습과정에서 얻게 된 빅아이디어, 창의적인 생각을 정리하는 것도 잊지 마세요.

Big Idea!
Creative Thinking!

스스로 평가
자기주도학습의 완성!

나의 신호등

1	나는 제시된 조건에 맞게 직업소개영상을 제작하였다.	① ② ③ ④ ⑤
2	나는 직업정보가 자세히 담긴 팸플릿(소책자)을 만들었다.	① ② ③ ④ ⑤
3	나는 온라인 직업박람회에 적극적으로 참가하였다.	① ② ③ ④ ⑤
4	나는 문제해결을 위해 탐구한 내용과 수집한 정보를 바탕으로 나만의 교과서를 멋지게 완성하였다.	① ② ③ ④ ⑤

Dream Job Fair, 온라인 직업박람회가 열리다

SYNOPSIS

이 수업은 「설레는 수업, 프로젝트학습 PBL달인되기3: 확장」편에 수록된 '꿈을 잡아라! Dream Job Fair'와 'The Futurist, 미래를 보다' PBL프로그램을 바탕으로 개발되었습니다. 기본적으로 온라인 진로교육이 가능하도록 구성되었는데, 자유학년활동이나 창의적 체험활동뿐만 아니라 도덕, 국어, 실과(기술) 등 관련 교과, 단원과 연계해 진행하는 것도 얼마든지 가능합니다. 제한적인 온라인 학습환경에서도 학습자 모두가 자신의 꿈을 담은 직업박람회를 준비할 수 있습니다.

'온라인 직업박람회, Dream Job Fair'는 특별히 학년의 경계를 두고 있지 않습니다. 초등학생부터 고등학생에 이르기까지 특정 대상을 가리지 않고 교과와 범교과 영역을 넘나들며 충분히 적용해볼 수 있는 수업입니다. 온오프라인이 연계된 수업이라면 더할 나위 없이 좋겠지만, 100% 온라인 수업에도 적용할 수 있습니다. 교육과정을 참고하여 현장상황에 적합한 방식으로 실천해 보길 바랍니다.

▶ 적용대상(권장): 초등학교 5학년 – 고등학교 1학년
▶ 자유학년활동: 진로탐색
▶ 학습예상소요기간(차시): 12 – 18일(9 – 13차시)
▶ 관련교과 내용요소(교육과정)

교과	영역	내용요소		
		초등학교[5-6학년]	중학교[1-3학년]	고등학교[1학년]
국어	쓰기	• 설명하는 글 [목적과 대상, 형식과 자료] • 목적·주제를 고려한 내용과 매체 선정	• 설명하는 글[대상의 특성] • 대상의 특성을 고려한 설명	• 사회적 상호 작용 • 설득하는 글
	말하기 듣기	• 발표[매체활용] • 체계적 내용 구성 • 공감하며 듣기	• 면담 • 발표[내용 구성] • 매체 자료의 효과	• 대화[언어예절] • 의사소통 과정의 점검

도덕	자신과의 관계	• 자주적인 삶이란 무엇일까?(자주, 자율)	• 나는 어떤 사람이 되고자 하는가?(자아정체성) • 삶의 목적은 무엇인가?(삶의 목적) • 행복을 위해 어떻게 살아야 하는가?(행복한 삶)	[생활과 윤리(사회와 윤리)] • 직업을 통해 어떻게 행복한 삶을 영위할 수 있는가?
실과	기술 활용	• 일과 직업의 세계 • 자기이해와 직업탐색	• 기술의 발달 • 기술과 사회변화	• 기술과 직업
창의적 체험 활동	진로 활동	• [자기이해]긍정적 자아 개념 형성, 일의 중요성 이해 • [진로탐색]직업 세계의 탐색, 진로 기초 소양 함양	• [자기이해] 긍정적 자아 개념 강화 • [진로체험] 진로탐색 및 체험활동	• [진로탐색]자신의 꿈과 비전을 진로·진학과 연결 • 건강한 직업의식 확립, • [진로설계]진로 계획 및 준비

> 주난쌤 재미교육연구소의 소장이며 19년차 프덕(프로젝트학습 덕후)입니다. 프로젝트학습의 매력에 이끌려 어쩌다보니 박사까지 공부하고, 지금은 대학원생을 가르치고 있습니다. 여전히 본직인 초등학교 교사 일을 가장 사랑하며, 특히 PBL수업프로그램 만들기를 좋아합니다. 별다방에서 작가놀이를 자주 하다 보니, 술에 살짝 취하면 '그레잇 라이터(Great Writer)'를 외치는 부작용을 보일 때가 있습니다. 민망한 현장의 목격자들, 특히 재미교육연구소 연구원들의 기억을 지우고 싶네요.

온라인 프로젝트 수업가이드

'온라인 직업박람회, Dream Job Fair' 프로젝트 수업을 원활히 진행하려면, 학생들에게 활동지를 미리 배부할 필요가 있습니다. 등교수업이나 학습꾸러미를 이용해 활동지가 제공되도록 해주세요. 다만 활동지를 이미지 파일로 저장해 배포하는 일은 저작권법을 위반하는 것이니 유의해야 합니다. 잼공온라인 프로젝트 활동지에는 QR코드가 단계(Step)마다 제공되고 있습니다. QR코드는 네이버 스마트렌즈 등 다양한 어플을 이용해 해당 온라인 자료에 손쉽게 접근할 수 있도록 해줍니다. 이 수업은 총 4개의 퀘스트로 구성되어 있습니다. 오프라인 수업 진행이 불가능한 상태에서는 학습자의 과제부담을 고려해 3-4주 정도의 시간을 갖고 천천히 진행하는 것이 좋습니다. 초등 실과나 중등 기술교과의 '일과 직업' 관련 단원과 직접적으로 연계해 진행한다면, 교육과정운영과 수업차시 확보에 있어서 수월해집니다.

> **시작하기**
>
> 중심활동 | 커버스토리 파악하기, 학습흐름 이해하기
> - [사전활동] 지식채널e 인기직업 편을 시청하고 역사 속 사라진 직업에 관한 댓글토크하기(선택)
> - 도입영상을 통해 프로젝트학습 주제 확인하기
> - 커버스토리를 확인하고 주어진 문제 상황 파악하기
> - 활동순서를 짚어보며, 전체적인 학습흐름과 각 퀘스트별 활동 파악하기
> - 지식채널e 일자리의 미래 편을 시청하고, 미래세대의 주인공으로서 어떤 역량을 갖춰야할지 인식하기

STEP1 도입영상 시청하기

프로젝트 주제에 관심을 유발하는데 영상만큼 효과적인 것은 없죠. 짧은 인트로 영상을 보고, 학습의 출발점에 해당하는 커버스토리를 보도록 안내해주세요.

온라인 사전활동으로 EBS 지식채널e '인기직업' 편을 보고, 과거 인기를 모았으나 사라진 역사 속 직업들에 대해 이야기를 나누는 것도 고려해볼만 합니다. 온라인상의 자유로운 토론은 댓글토크(게시글에 댓글을 올리는 방식)가 적당합니다.

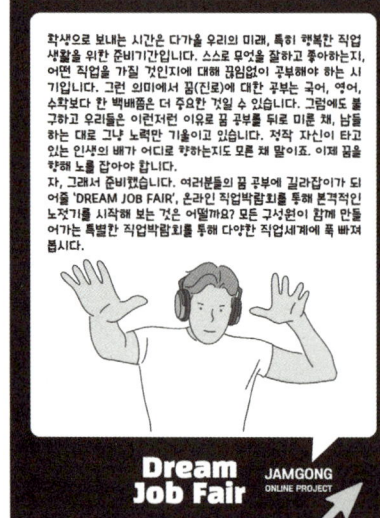

STEP2 커버스토리 확인하기

온라인 직업박람회의 취지에 공감하며 학생들이 주어진 문제상황을 제대로 이해하도록 하는 것이 중요합니다. 커버스토리에 담긴 핵심내용을 파악할 수 있도록 안내해주세요. 진로탐색에 대한 관심을 높이기 위해 인기 유튜버가 진행하는 EBS의 '대도서관 잡(JOB) 쇼' [home.ebs.co.kr/jobshow]를 소개해주는 것도 좋습니다. 학생들이 TV예능프로그램을 보듯 직업관련 정보를 접하길 바란다면 안성맞춤인 셈입니다.

[STEP3] 전체 활동과정 짚어보기

활동순서카드를 활용해 전체적인 학습흐름과 각 퀘스트별 중심활동을 짚어보는 시간을 갖습니다. 가능하다면 전체 수업일정과 퀘스트별 소요예상시간을 공유합니다.

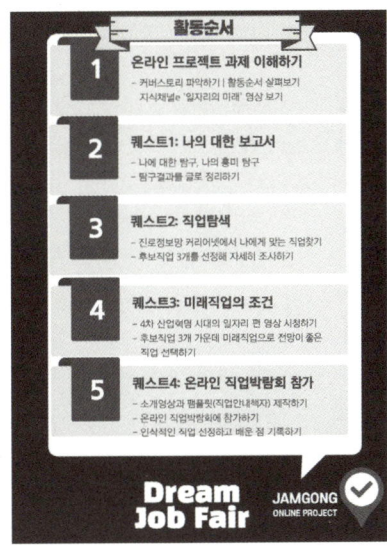

[STEP4] 관련영상 시청하기

지식채널e '일자리의 미래'편을 시청하고, 미래의 직업을 갖기 위해 어떤 교육이 필요한지 알아보는 시간을 갖도록 합니다. 미래세대의 주인공으로서 어떤 역량을 갖춰야 할지 아는 것은 대단히 중요합니다.

 전개하기

중심활동 | 나의 흥미·적성 알기, 직업탐구, 미래직업최종선택
◆ [퀘스트1] 나에 대한 탐구와 나의 흥미 탐구하기
◆ [퀘스트2] 직업탐구 및 후보직업선정하기
◆ [퀘스트3] 새로운 기술과 직업의 관계 이해, 미래의 관점에서 최종 직업선택하기

[STEP5] 퀘스트1 과제확인하기

올바른 진로탐색은 '나' 자신에 대한 이해를 바탕으로 이루어져야 하겠죠. 퀘스트1의 문제상황을 제시하며 '나'에 대한 이해가 얼마나 중요한지 강조해주세요. 퀘스트1 과제를 제시하기 직전, 지식채널e '17세 소년, 너도 CEO니?'편을 시청하고 댓글토크를 진행하는 것도 추천합니다.

활동지에는 '나에 대한 탐구(퀘스트1-1)'의 결과를 부담 없이 글로 남기도록 하고 있지만, 여건이 된다면 가족, 친구 등의 지인인터뷰를 영상으로 담

아 공유하는 것도 추천합니다. 곁에서 응원하는 사람들의 시각에서 '나'는 어떤 장점을 가졌는지, 가능성이 무엇인지 확인할 수 있도록 지도해주세요.

'나의 흥미 탐구(퀘스트1-2)' 우선 과거에서 현재까지 하나하나 짚어보면서 기억에 남을 정도로 무척 좋아했고, 좋아하고 있는 것들에는 무엇이 있는지 기록해보도록 안내합니다. 특히 마니아 수준은 아니더라도 기회만 된다면 자발적으로 참여하고 싶은 활동(일)에는 어떤 것이 있는지 밝히도록 해주세요. 미미한 수준이더라도 흥미나 호기심을 끌고 있는 분야가 있다면 모조리 탐구 대상이 됩니다.

[STEP6] 퀘스트2 과제확인하기

우선 나에 대한 탐구, 흥미에 대한 탐구 결과를 토대로 퀘스트2 활동이 이루어져야 함을 강조합니다. 과제카드의 [커리어넷 접속] - [후보직업선정] - [후보직업조사] 순으로 활동이 이루어질 수 있도록 안내해주세요.

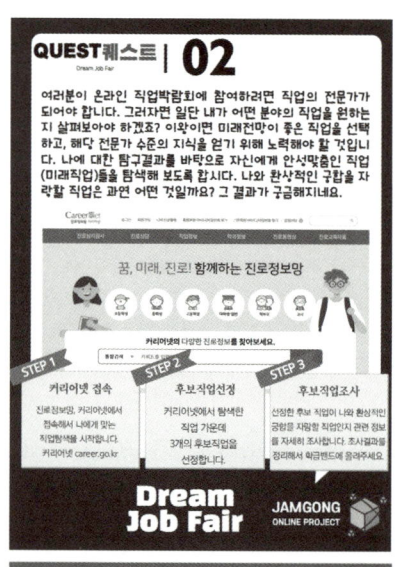

[STEP7] 커리어넷 체험하기

'직업탐구(퀘스트2-1)'를 위해서는 커리어넷 활용법을 제대로 알아야 합니다. '[국민 서포터즈] 커리어넷을 직접 체험해 보았다!' 영상을 시청하면 커리어넷에 대한 이해도를 높일 수 있습니다. 가급적 많은 직업들을 찾아보도록 안내하고, 활동지에 기록하도록 지도해주세요. 이어서 직업탐구결과를 바탕으로 '후보직업선정(퀘스트2-2)'을 진행합니다. 3개의 후보직업을 엄선하고, 선정이유와 관련정보를 자세히 조사해 정리하도록 하면 됩니다.

STEP8 퀘스트3 과제확인하기

'무인자동차', '인공지능', '드론', '3D프린터', '사물인터넷', '로봇' 등 새로운 기술들이 직업에 어떤 영향을 미치게 될지 예측하는 과정이 필요한 활동입니다. 기술과 직업의 관계를 정확히 이해할 수 있도록 관련 영상들을 찾아 제공해주세요. SK텔레콤 유튜브 채널 '2분으로 끝내는 4차 산업혁명과 일자리' 3편의 영상이 기술과 직업의 관계를 이해하는데 도움이 될 수 있습니다.

STEP9 관련 영상 시청하기

기획재정부의 '4차 산업혁명 시대의 일자리' 편을 시청하고, '사라질 직업조사(퀘스트3-1)'를 진행하도록 합니다. 활동지에 기본적으로 제시된 '무인자동차', '3D프린터', '인공지능' 외에도 사물인터넷, 드론, 로봇 등과 관련해 위협받는 기존의 직업들을 조사하도록 지도해주세요.

동시에 새로운 기술에 따른 '미래유망직업(퀘스트3-2)'을 찾아보도록 안내해주세요. 특히 미래유망직업탐색은 '4차산업혁명', '미래직업' 등을 키워드로 삼아서 커리어넷을 활용해 찾아보는 것이 수월합니다. 관련 안내는 활동지 내에 'Action Tip'에도 제공되어 있습니다.

'최종직업선정(퀘스트3-3)'은 '사라질 직업조사(퀘스트3-1)'와 '미래유망직업(퀘스트3-2)' 활동을 바탕으로 이루어져야 합니다. 새로운 기술의 관점에서 후보직업을 검증하고, 가장 유망한 직업을 선택할 수 있도록 지도해주세요.

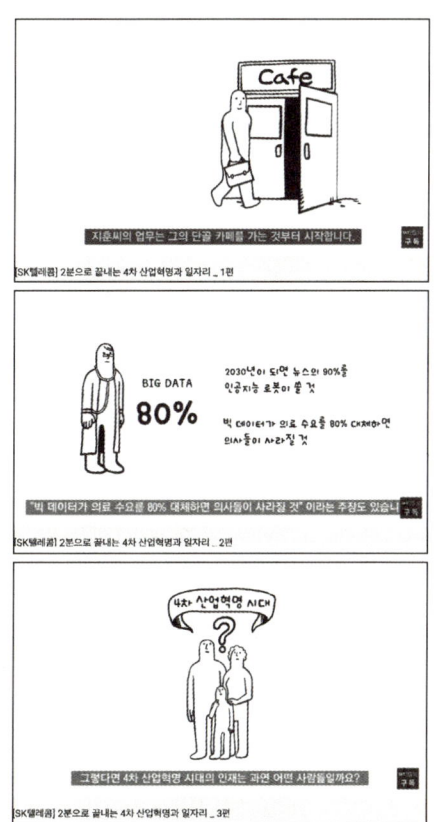

> **마무리하기**
>
> **중심활동 | 나의 흥미·적성 알기, 직업탐구, 미래직업최종선택**
> ◆ [퀘스트4] 과제확인하고, 직업소개영상과 팸플릿 제작하기
> ◆ 온라인 직업박람회에 참가한 모든 직업들을 보고 질문하기
> ◆ 인상적인 직업 Top5를 선정하고 배운 점을 기록하기
> ◆ [선택] 성찰저널 작성하기

STEP10 퀘스트4 과제확인하기

온라인 직업박람회의 특성상 자료제작이 중요합니다. 문제상황에도 잘 드러나 있듯이 영상과 팸플릿 제작이 필요한데요. 영상편집에 부담을 많이 느끼는 학생들의 경우 직업설명(발표) 장면을 촬영해 올리는 방식으로 과제부담을 줄일 수 있습니다(퀘스트4-1). 팸플릿 제작은 미술교과와 연계해서 진행하는 것도 괜찮지만, 각종 소프트웨어를 이용해 손쉽게 제작하는 방법도 있습니다(퀘스트4-2). 현실적인 여건을 고려해 탄력적으로 적용해주세요.

온라인 직업박람회 공간은 네이버 학급밴드를 이용해 구성해볼 수 있습니다. 온라인 직업박람회 참가는 이곳에 직업소개영상(퀘스트4-1)과 팸플릿(퀘스트4-2)을 올리는 것으로 시작됩니다. 온라인 직업박람회 공간에 올린 모든 게시글에 댓글을 올리도록 안내해주세요. 궁금한 직업에 대해 질문을 하도록 하는 것이 중요합니다. 다만 특정 직업에 질문이 쏟아질 수 있으니 '개인별 3개 이상 직업을 선정하고 질문하기', '선착순 질문 마감(5개)' 등의 규칙을 사전에 제시해주세요. 마지막으로 제시된 과정

을 모두 경험한 후 인상적인 직업 Top5를 선정하고 배운 점을 활동지에 기록하도록 안내합니다.

모든 활동이 끝나면 전체 프로젝트학습 과정을 되돌아보며 성찰저널을 작성하도록 해주세요. 학습의 과정, 배운 점과 느낀 점을 중심으로 일기처럼 자유롭게 기술하도록 하면 되는데요. 나만의 교과서 활동을 충실히 했다면, '성찰저널쓰기'를 생략해도 됩니다.

재밌는 퀴즈를 만들어 볼 수 있는, KAHOOT!

지루하고 일상적인 수업을 재밌게 바꿀 수 있는 방법은 항상 고민입니다. 그 고민을 해소해 줄 수 있는 온라인도구 '카훗(KAHOOT)'을 소개합니다. 카훗은 배경음악, 랭킹시스템, 포인트와 시간제한 등의 게임요소를 활용한 퀴즈제작 도구로 다양한 형태의 퀴즈를 자유롭게 생성할 수 있습니다. 카훗의 게임적 요소는 학습자들의 흥미를 높여 몰입을 이끌어낼 수 있고, 학습자들과 퀴즈를 통해 실시간으로 참여와 소통이 가능하기 때문에 상호작용 측면에서도 효과적입니다.

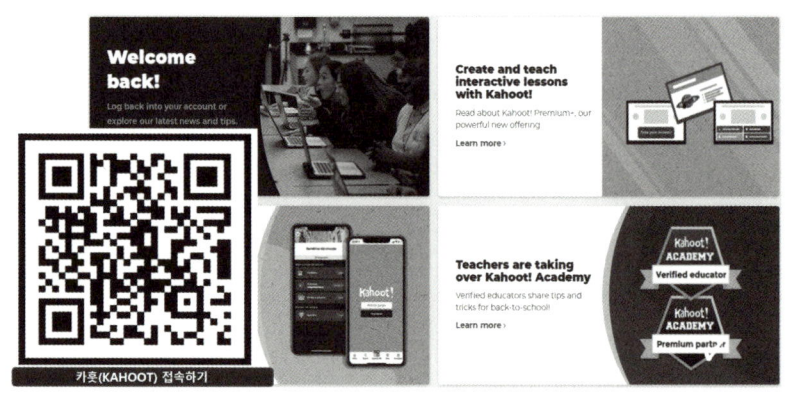

카훗(KAHOOT) 접속하기

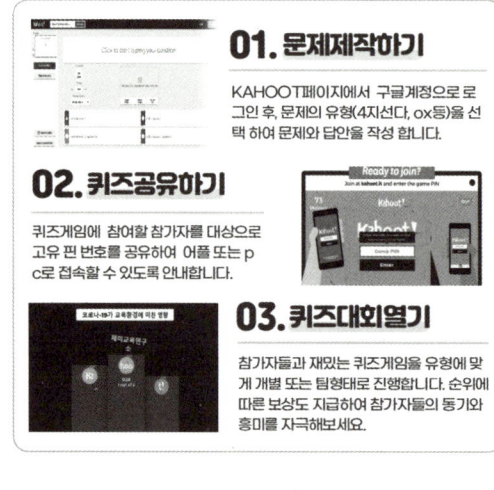

01. 문제제작하기
KAHOOT페이지에서 구글계정으로로 그인 후, 문제의 유형(4지선다, ox등)을 선택 하여 문제와 답안을 작성 합니다.

02. 퀴즈공유하기
퀴즈게임에 참여할 참가자를 대상으로 고유 핀 번호를 공유하여 어플 또는 pc로 접속할 수 있도록 안내합니다.

03. 퀴즈대회열기
참가자들과 재밌는 퀴즈게임을 유형에 맞게 개별 또는 팀형태로 진행합니다. 순위에 따른 보상도 지급하여 참가자들의 동기와 흥미를 자극해보세요.

카훗을 수업에 활용하기 위해서는 먼저 카훗 홈페이지에 접속하여 문제 제작이 이루어져야 합니다. 4지선다 또는 OX형태의 문제형식을 선택 후 질문 및 답변을 자유롭게 적어주면 되는데요. 이때 문제제작이 어렵다면 카훗 문제은행을 통해 타인이 공유한 문제를 활용할 수 있습니다. 문제를 완성 후, 학습자들은 공유된 핀번호를 통해 퀴즈에 접속을 하게 됩니다. 이후, 공유창에 실시간으로 랭킹과 정답여부 등 퀴즈 진행상황이 표시되며 흥미로운 교실 내 퀴즈대회가 진행됩니다.

　카훗은 단순하게는 학습내용의 이해를 평가하는 도구로 생각될 수 있지만 그 활용범위는 다양합니다. 실시간 참여라는 점을 활용해 설문조사를 진행하여 의견을 취합하고, 게임요소를 극대화하여 간단한 아이스브레이킹으로 활용할 수 있습니다. 무엇보다 화상수업의 조건에서도 화면 공유 기능을 통해 실시간 퀴즈대회 개최가 가능하기 때문에 온라인에서의 지루함을 해소할 수 있는 유용한 도구겠죠? 카훗을 선생님이 제작하는 것을 넘어 학습자들이 직접 제작하고 서로 풀어보게 하는 것도 한 방법입니다.

CHAPTER
04 지금은 온에어 [On air]

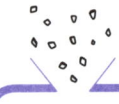

커버스토리 Cover Story

라디오에 귀 기울여 들어본 적 있나요? 라디오 속 디제이(DJ)는 그날의 분위기에 어울리는 음악을 틀어주고, 청취자들이 보낸 사연을 읽어주며 이야기를 합니다. 예전에는 청취자들이 주로 엽서나 편지를 이용하여 사연만 보냈지만, 요즘은 채팅이나 문자로 실시간 반응을 보낸답니다. 또 듣기만 하던 라디오에서, 이제는 생방송으로 디제이의 모습을 내보내며 '보이는 라디오'를 하기도 합니다. 요즘처럼 미디어의 홍수 속에서도 라디오가 꾸준히 사랑받는 이유는 아마도 디제이와 청취자 간의 "소통"이 아닐까 싶습니다. 누군가 나의 이야기를 들어주고, 함께 고민을 나누며 공감하는 따뜻한 느낌이지요. 이번 프로젝트에서는 여러분이 라디오 프로그램을 기획하고 진행해보는 경험을 할 것입니다. 친구들이 보낸 사연을 소개하고, 그에 어울리는 음악을 고민하는 사이에 부쩍 마음의 거리가 가까워진 서로를 발견하게 될 거예요.

*DJ(disc jockey) : 라디오 프로그램이나 디스코텍 따위에서 가벼운 이야깃거리와 함께 녹음한 음악을 들려주는 사람. (표준국어대사전)

::: 온라인 프로젝트 QR CODE :::

Step 01. 사전활동

Youtube, [라디오 컬투쇼]

Step 02. 도입영상 시청하기

Step 03. 커버스토리 확인하기

Step 04. 전체 활동과정 짚어보기

Step 05. 관련영상 시청하기

KBS 드라마 '라디오로맨스' 영상

활동순서 Activity Flow

❶ 온라인 프로젝트 과제 이해하기
커버스토리 파악하기 | 활동순서 살펴보기 | 관련 영상 시청하기

❷ [퀘스트1] 당신의 이야기를 보내주세요
나의 고민, 관련 주제에 대한 이야기 쓰기

❸ [퀘스트2] 내가 만드는 라디오스타
라디오 프로그램 기획 | 시그널 음악, 오프닝 멘트 정하기

❹ [퀘스트3] 딩동~ 사연이 도착했어요
나에게 도착한 사연 읽기 | 방송 원고 쓰기 | 어울리는 음악 찾기

❺ [퀘스트4] 지금은 [On air]
생방송 라디오 진행하기 | 다 함께 청취하기

Q1 당신의 이야기를 보내주세요

먼저 여러분이 청취자의 입장으로 라디오 프로그램에 보낼 사연을 적어보세요. 웃음이 나는 이야기, 나의 고민거리, 소소한 일상 이야기도 좋습니다. 축하나 응원, 또는 위로가 필요한 친구를 위해 사연을 보내는 것도 괜찮은 아이디어에요. 한 글자씩 담담히 적어 내려가다 보면 글 속에 나의 진심이 묻어난답니다.

참, 이 사연이 소개되면 왠지 창피할 것 같아서 이름을 밝히는 것이 꺼려진다고요? 익명으로 보내는 것도 가능합니다. 그러니 거기 김 군, 최 양! 망설이지 말고 어서 연필을 들어보세요.

::: 온라인 프로젝트 QR CODE :::
Step 06. 퀘스트1 과제카드

*익명 : 이름을 숨김. 또는 숨긴 이름이나 그 대신 쓰는 이름.

❶ 라디오에 보낼 사연을 적어봅시다. 주제는 자유입니다.

Action Tips 솔직한 내 이야기를 바탕으로 글을 씁니다. 친구의 이야기를 쓰고 축하, 위로, 응원을 해주고 싶은가요? 친구를 위한 마음은 좋지만, 쓰기 전에 너무 사적인 이야기가 공개되는 것은 아닌지 잘 생각해봐야 합니다. 만약 그렇다면 미리 친구의 동의를 구해야 합니다. 마지막으로 글을 다 쓰고 난 후에는 읽어보면서 매끄럽게 문맥을 다듬습니다.

❷ 완성된 사연은 '선생님 우체국'을 통해 라디오 사서함으로 접수하세요.

Action Tips ①에서 완성된 글을 선생님께 제출하세요. 깨끗하게 옮겨 적은 후 선생님께 직접 드려도 좋고, 우리 학급 온라인 커뮤니티나 전자메일을 통해 제출해도 됩니다. 무조건 익명 보장. 걱정 마세요!

나만의 교과서

활동과정을 다시 떠올려보세요. 배우고 느낀 점들을 그냥 낙서하듯 자유롭게 표현하면 됩니다.

스스로 평가
자기주도학습의 완성!

나의 신호등

1	나는 재미있는 이야기, 고민거리, 일상 이야기, 친구에 관한 이야기 등을 진솔하게 글로 적어 보았다.	① ② ③ ④ ⑤
2	나는 내가 쓴 글을 다시 읽어보면서 문맥이 매끄럽게 수정 및 보완하였다.	① ② ③ ④ ⑤
3	나는 문제해결을 위해 탐구한 내용과 수집한 정보를 바탕으로 나만의 교과서를 멋지게 완성하였다.	① ② ③ ④ ⑤

Q2 내가 만드는 라디오스타

이제는 PD가 되어 라디오 프로그램을 기획해 보세요. 각 라디오 프로그램에는 지향하는 색깔과 기획 의도가 있습니다. 보통 아침 7시 라디오 프로그램은 굉장히 밝고 활기찹니다. 하루의 시작을 열고 출근 준비하는 사람들이 많이 듣기 때문이죠. 낮 12시의 프로그램을 진행하는 디제이들의 목소리 톤은 대체로 높고, 신나는 음악도 많이 틀어준답니다. 점심식사를 마친 청취자들이 졸리면 안 되니까요. 반면 밤 10시 이후의 프로그램들은 무척 차분해요. 음악도 조용하고 잔잔한 것들을 많이 틀어주지요. 보통 밤 시간대에는 공부하는 학생이나 잠자리에 들기 전 듣는 사람들이 많아서겠죠. 이렇게 프로그램에 따라 디제이들의 진행 방식, 선곡까지 달라져요. 여러분도 특색 있는 나만의 라디오 프로그램을 기획해 봅시다.

::: 온라인 프로젝트 QR CODE :::

Step 07. 퀘스트2 과제카드

Step 08. 관련 영상 시청하기

KBS coolFM 라디오 오프닝 영상

❶ 라디오 프로그램을 기획해 보세요.

프로그램 제목		편성 시간	
연출가, 작가		진행자	
프로그램 기획의도			

❷ 프로그램에 어울리는 시그널 음악(Signature Tune: 특정 프로그램의 시작 또는 끝에 재생되는 곡) 선정과 오프닝 멘트 작성하세요.

시그널 음악	제목:	선정이유:
오프닝 멘트		

Action Tips 각 방송사마다 홈페이지에 가면 라디오 프로그램을 소개하는 페이지들이 있습니다. 둘러보면서 참고하세요. SBS 라디오(https://www.sbs.co.kr/radio), KBS 라디오(http://radio.kbs.co.kr/), MBC 라디오(http://www.imbc.com/broad/radio/)입니다. 특히 '다시듣기' 코너에서 별도의 회원 가입 없이 지난 방송을 들을 수 있습니다. 몇 개의 오프닝만 들어봐도 도움이 될 것입니다.

❸ 기획한 라디오 프로그램을 이미지(섬네일 Thumbnail: 마중그림, 미리보기 사진)로 만들어 주세요.

Action Tips 프로그램의 기획의도가 잘 드러나도록 한 장의 이미지로 만들어봅시다. 다양한 디자인 플랫폼(미리캔버스, 망고보드, 글씨 팡팡 등) 중 하나를 이용하면 손쉽게 깔끔한 이미지를 만들 수 있습니다.

나만의 교과서

공부한 내용 중에 오랫동안 기억 속에 담아 두고 싶은 지식은 무엇입니까? 여러분들이 엄선한 지식 열매를 보물상자에 담아주세요.

스스로 평가
자기주도학습의 완성!

나의 ⓢ ⓗ ⓔ

1	나는 지향하는 색깔과 기획의도에 맞는 라디오 프로그램을 기획하였다.	① ② ③ ④ ⑤
2	나는 프로그램에 어울리는 시그널음악을 정하고 오프닝 멘트를 작성하였다.	① ② ③ ④ ⑤
3	나는 디자인 플랫폼을 이용하여 라디오 프로그램의 섬네일을 만들었다.	① ② ③ ④ ⑤
4	나는 문제해결을 위해 탐구한 내용과 수집한 정보를 바탕으로 나만의 교과서를 멋지게 완성하였다.	① ② ③ ④ ⑤

Q3 딩동~ 사연이 도착했어요

딩동~ 우리 라디오 방송국 앞으로 사연이 도착했어요. 사연을 꼼꼼히 읽어본 후 이것을 라디오 프로그램에서 소개할 수 있도록 방송 원고를 작성합니다. 친구의 글만 쭉 읽어 내려가는 것이 아니라 방송 진행자가 덧붙일 수 있는 말도 적어보세요. 고민거리가 있는 친구에게는 따뜻한 글귀 한 마디, 소소한 일상의 이야기에는 공감의 한 마디로도 충분하겠죠? 또 사연과 어울릴만한 음악을 선정해봅시다. 라디오에서 틀어주는 음악은 프로그램 전체의 분위기를 좌우하기도 한답니다.

::: 온라인 프로젝트 QR CODE :::

Step 09. 퀘스트3 과제카드

❶ 나에게 도착한 사연을 소개하는 원고를 작성해보세요.

Action Tips 라디오에서 사연을 소개할 때는 청취자의 정보를 함께 제공합니다. 그리고 사연에 덧붙이는 나의 한마디를 어울리게 적어보세요.

❷ 사연에 어울릴 음악을 선정해 보세요.

	제목:	음악가:
후보1	선정 이유:	
	제목:	음악가:
후보2	선정 이유:	
	제목:	음악가:
후보3	선정 이유:	
최종결정	제목:	음악가:

Action Tips 음악에는 여러 갈래가 있습니다. 후보군을 정할 때는 가요나 동요만이 아닌 팝송, 클래식, 국악, 영화 음악, 연주 음악 등 다양한 갈래의 곡을 들어보고 어울리는 분위기의 곡으로 선정해보세요.

나만의 교과서

나의 지혜나무

배운 내용의 중심용어(단어)들로 지혜나무를 완성해 주세요. 관련성이 높은 용어들을 한 가지에 묶어 주는 것이 중요합니다. 탐스런 지식열매가 가득 차도록 자유롭게 꾸며주세요.

스스로 평가
자기주도학습의 완성!

나의 신호등

1	나는 사연을 꼼꼼히 읽고 그에 덧붙이는 나의 한 마디를 포함하여 방송 원고를 작성하였다.	① ② ③ ④ ⑤
2	나는 사연에 어울리는 음악을 찾기 위해 여러 갈래의 음악을 들어보았고, 그 중 한 곡을 선정하였다.	① ② ③ ④ ⑤
3	나는 문제해결을 위해 탐구한 내용과 수집한 정보를 바탕으로 나만의 교과서를 멋지게 완성하였다.	① ② ③ ④ ⑤

[Q4 퀘스트] 지금은 온에어[On Air]

드디어 생방송을 앞두고 있습니다. 떨리는 마음을 진정하고 다시 한 번씩 점검해 봅시다. 시그널 음악과 오프닝 멘트, 사연 소개 원고, 선곡한 음악 등 순서에 맞게 곡을 틀고 원고를 읽어봅니다.

방송이 시작하면 진행자를 제외한 모두는 청취자가 되어 귀 기울여 주세요. 내가 보낸 사연이 언제쯤 나올지 기대하며 들어보아요. 또 공감이 가는 사연은 실시간 댓글로 마음껏 의견 올려주세요. 여러분도 소통하는 라디오의 매력에 흠뻑 빠져보시길 바랍니다.

::: 온라인 프로젝트 QR CODE :::

Step 10. 퀘스트4 과제카드

❶ 실시간 생방송 라디오를 진행합니다.

Action Tips 친구들, 선생님과 사전에 방송 순서를 조정합니다. 오늘은 내가 방송pd, 엔지니어, 디제이까지 모두 책임지는 것입니다. 큰 실수 없도록 미리 몇 번의 리허설을 해봅니다.

❷ 라디오 방송 들으며 실시간 댓글 보내세요.

Action Tips 실시간 댓글을 달 수 있는 클라우드 플랫폼을 이용한다면 방송을 들으면서 실시간 반응을 적을 수 있습니다. 단 네티켓을 지켜 예의 바르고 기분 좋은 댓글을 다는 것은 당연하겠죠?

❸ 내가 보낸 사연이 소개되었나요?

프로그램 제목		진행자	
소감			

❹ 가장 기억에 남는 라디오 프로그램은 무엇인가요?

프로그램 제목		진행자	
소감			

Action Tips 비록 친구들이 디제이가 되어 진행하는 짧은 방송이지만, 내 사연과 다른 친구들의 이야기를 귀 기울여 들어보세요. 그리고 가장 기억에 남는 라디오 프로그램을 선정해 주세요. 가장 많은 표를 얻은 프로그램은 '앵콜 방송권(1회)'을 상품으로 드립니다.

나만의 교과서

 프로젝트학습을 수행하는 과정에서 배우고 느낀 점은 무엇입니까? 머릿속에 담겨진 그대로 꺼내어 마인드맵으로 표현해 봅시다. 더불어 학습과정에서 얻게 된 빅아이디어, 창의적인 생각을 정리하는 것도 잊지 마세요.

Big Idea!
Creative Thinking!

스스로 평가
자기주도학습의 완성!

나의 신호등

1	나는 여러 번의 연습을 걸쳐 실시간 생방송을 큰 실수 없이 진행하였다.	① ② ③ ④ ⑤
2	나는 다른 친구가 진행하는 방송을 들으며 실시간 댓글을 남기며 소통하였다.	① ② ③ ④ ⑤
3	내 사연이 소개된 프로그램과 가장 기억에 남는 프로그램에 대해 꼼꼼히 적어보았다.	① ② ③ ④ ⑤
4	나는 문제해결을 위해 탐구한 내용과 수집한 정보를 바탕으로 나만의 교과서를 멋지게 완성하였다.	① ② ③ ④ ⑤

지금은 온에에[On air]

SYNOPSIS

　라디오를 즐겨 듣던 학창 시절을 떠올리며 아날로그적 감성에서 이 수업의 구상을 시작하였습니다. 등교 수업이 온라인 수업으로 대체되고 사람 사이의 교류가 급격히 적어지는 시기에 어떻게 하면 조금의 온기라도 불어넣을 수 있을까 고민하다가 생각해 낸 매체가 바로 라디오. 얼굴은 보이지 않지만 서로의 목소리로 이야기를 나누고, 마음의 위안을 주는 음악 한 곡을 같이 듣는다면 작지만 의미 있는 공감대가 형성될 수 있을 겁니다.

　'지금은 [On Air]'에 참여하는 학생들은 라디오 프로그램을 기획하고 방송 원고를 작성한 후, 실제 라디오 방송을 하듯 진행을 해보는 과정을 거치게 됩니다. 수업 동안 학생들은 프로그램을 기획하는 라디오 방송국 PD가 되었다가, 원고를 작성하는 방송 작가도 되어 보고, 라디오 디제이(DJ)가 되어 방송을 진행하는 경험을 하게 됩니다. 또 친구들이 보낸 사연을 소개하고 그것에 어울리는 음악을 선곡하여 들려주기도 합니다.

　이 수업은 전반적으로 어렵지 않은 내용으로 이루어져 있지만, 진로 활동이 포함되므로 초등학교 고학년부터 적당합니다. 평소 방송 관련 직업에 관심이 있는 학생들이라면 더욱 흥미롭게 빠져들 수 있을 것입니다. 창의적 체험활동을 중심으로 국어, 도덕, 음악, 실과 등의 교과와도 연계하여 진행하도록 구성하였습니다. 온오프라인이 연계된 방식이면 모둠을 구성하여 협업하는 것이 효과적이지만, 전적으로 온라인으로만 운영하여도 충분히 개별 프로젝트로 적용 가능합니다. 교육과정 상황에 맞게 적절히 운영하시길 바랍니다.

- ▶ 적용대상(권장): 초등학교 5학년 – 중학교 3학년
- ▶ 자유학년활동: 진로탐색
- ▶ 학습예상소요기간(차시): 5 – 10일(7 – 10차시)

▶ 관련교과 내용요소(교육과정)

교과	영역	내용요소	
		초등학교[5-6학년]	중학교[1-3학년]
국어	말하기 듣기	• 발표[매체활용] • 체계적 내용 구성 • 공감하며 듣기	• 배려하며 말하기 • 발표[내용 구성] • 매체 자료의 효과 • 청중 고려
	읽기	• 정보 전달, 설득, 친교 및 정서 표현	• 정보 전달, 설득, 친교 및 정서 표현
	쓰기	• 체험에 대한 감상을 표현한 글 • 목적·주제를 고려한 내용과 매체 선정 • 독자의 존중과 배려	• 감동이나 즐거움을 주는 글 • 고쳐쓰기[일반 원리] • 쓰기 윤리
도덕	타인과의 관계	• 사이버 공간에서 지켜야 할 것은 무엇일까? (사이버 예절, 준법) • 서로 생각이 다를 때 어떻게 해야 할까? (공감, 존중)	• 참된 우정이란 무엇인가? (우정) • 정보화 시대에 우리는 어떻게 소통해야 하는가? (정보통신윤리)
음악	감상	• 다양한 문화권의 음악	• 다양한 연주 형태의 음악
	생활화	• 음악과 행사	• 음악과 행사
실과	기술 활용	• 일과 직업의 세계 • 자기이해와 직업탐색	• 기술의 발달 • 기술과 사회변화
창의적 체험활동	진로 활동	• [자기이해]긍정적 자아 개념 형성, 일의 중요성 이해 • [진로탐색]직업 세계의 탐색, 진로 기초 소양 함양	• [자기이해] 긍정적 자아 개념 강화 • [진로체험] 진로탐색 및 체험활동

미석쌤 9년차 프로젝트학습에 빠진 초등학교 교사입니다. 나비의 작은 날갯짓이 폭풍우 같은 커다란 변화를 유발한다는 말이 있지요? 정준환 선생님의 옆 반이라는 단순한 이유로 시작하게 되었던 PBL수업은 그 이후 저에게 큰 변화를 가져다주었습니다. 그것은 이제까지의 교육관과 학급운영 방식까지 흔들 만큼 큰 폭풍우 같은 것이었지요. 아직 부족한 게 많고 배울 것도 많지만 저 같은 프로젝트형(?) 교사가 많이 생기기를 바라면서 은근히 옆 반 선생님께 PBL수업을 흘리기도 한답니다. 프로젝트학습에 발 담그고 싶으신 분들, 용기내보세요. 풍덩 빠지는 것도 강추입니다!

온라인 프로젝트 수업가이드

'지금은 [ON Air]' 프로젝트 수업을 원활히 진행하려면, 학생들이 결과를 제출하고 공유할 수 있는 온라인 공간이 필수입니다. 학급 홈페이지, 카페, 밴드 등의 커뮤니티나 구글 클래스룸이나 e학습터 등의 형태도 가능합니다. 또 퀘스트 4의 최종 결과를 공유할 때는 줌(zoom)과 같은 실시간 클라우드 플랫폼도 필요합니다. 수업 전 교사는 미리 학급 전용 온라인 공간을 마련하고 학생들에게 가입 및 활용법을 안내해야 합니다. 등교수업 일자와 프로젝트 일정을 맞추어 퀘스트가 시작할 때마다 활동지를 배부하면 가장 좋겠지만, 상황에 따라 학생들에게 활동지 전량을 미리 배부해도 괜찮습니다. 이때 활동지를 이미지 파일로 저장해 배포하는 일은 저작권법을 위반하는 것이니 유의해야 합니다. 각 활동지에는 QR코드로 프로젝트 단계(step)를 안내하고 있으니 온라인만으로도 충분히 수업 진행 및 공유가 가능합니다.

이 수업은 총 4개의 퀘스트로 구성되어 있습니다. 온라인으로 수업을 진행할 경우 2주 정도의 시간을 확보하는 것이 학습자에게 부담이 없습니다. 여러 교과목이 연계되어 있으므로 미리 교육과정에서 해당 차시의 시수를 조정해 놓으면 효율적인 운영이 가능할 것입니다.

> **시작하기**
>
> **중심활동 | 커버스토리 파악하기, 학습 흐름 이해하기**
> - [사전활동] '컬투쇼 - 나의 성공시대는 시작됐다'(유튜브)를 시청하고, 생활 속 라디오를 청취한 경험 나누기
> - 도입영상을 통해 프로젝트학습 주제 확인하기
> - 커버스토리를 확인하고 주어진 문제 상황 파악하기
> - 활동순서를 짚어보며, 전체적인 학습흐름과 각 퀘스트별 활동 파악하기

[STEP1] 사전활동

SBS 라디오 '컬투쇼' 중에서 소개된 이야기 중 하나를 들어봅니다. QR로 연결된 애니메이션은 '컬투쇼 - 나의 성공시대는 시작됐다'라는 사연을 바탕으로 재구성한 영상입니다. 영상 시청 후, 라디오를 청취한 경험을 자유롭게 댓글로 나누어 봅니다.

STEP2 도입영상 시청하기

이번 프로젝트의 주제와 활동 내용을 소개하는 짧은 영상을 시청합니다. 학생들의 흥미와 관심을 갖게 할뿐만 아니라, 활동의 방향성을 직관적으로 알려주는 역할을 합니다.

STEP3 커버스토리 확인하기

아직은 라디오가 친숙하지 않을 연령대의 학생들이기에 주어진 문제 상황을 제대로 이해하는 과정이 필요합니다.

"소통"의 키워드를 실천하기 위해서 라디오라는 매개체를 선택한 취지에 공감하며 커버스토리에 담긴 주제를 파악할 수 있도록 안내하는 단계입니다.

라디오와 관련 직업에 대한 관심을 높이기 위해 '서울 MBC 라디오는 어떻게 제작될까?! 남해고등학생들의 라디오 체험기'(Youtube) 영상을 보는 것도 추천합니다. 영상의 중반부(약 9분 50초)부터 고

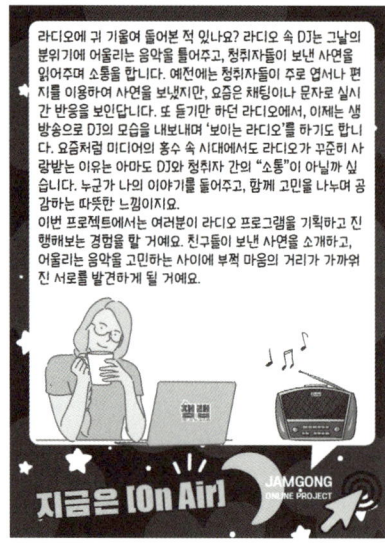

등학생들과 라디오 PD의 인터뷰가 나옵니다.

STEP4 전체 활동과정 짚어보기

활동 순서 카드를 활용해 전체적인 학습 흐름과 각 퀘스트별 중심활동을 짚어보는 시간을 갖습니다. 전체 수업 일정과 퀘스트별 소요 예상 시간을 공유합니다.

STEP5 관련영상 시청하기

라디오가 귀로 듣는 매체이다 보니 방송 장면을 눈으로 접할 기회는 드문 편입니다. 그래서 라디오

방송을 소재로 한 영화나 드라마 중 한 장면을 골라보았습니다. QR코드로 연결된 드라마 중 한 장면을 시청하고 라디오 제작 과정을 엿보도록 합니다.

> **전개하기**
>
> **중심활동 | 사연 보내기, 라디오 프로그램 기획하고 방송 원고 작성하기**
> - [퀘스트1] 나의 고민, 관련 주제에 대한 이야기 쓰기
> - [퀘스트2] 라디오 프로그램 기획하기, 시그널 음악과 오프닝 멘트 정하기
> - [퀘스트3] 나에게 도착한 사연 읽기, 방송 원고 쓰기, 어울리는 음악 선곡하기

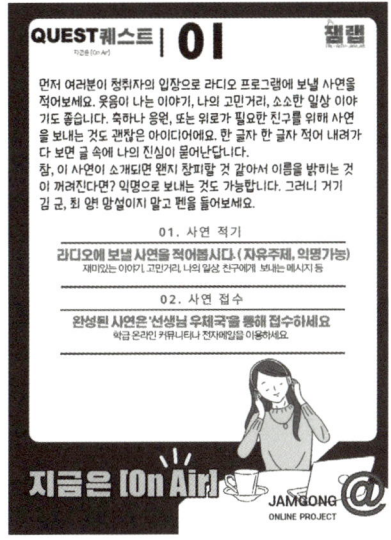

STEP6 퀘스트1 과제확인하기

최종 퀘스트에서 라디오 프로그램을 진행하려면 청취자의 사연이 꼭 필요하므로 먼저 퀘스트1에서는 모두가 청취자의 입장이 되어 나의 사연을 글로 적어봅니다.(퀘스트1-1)

자유 주제로 이야기를 쓰는데, 웃음이 나는 이야기, 나의 고민, 일상 이야기 등 모두 좋습니다. 또 친구에게 전할 이야기가 있다면 이번 기회를 통해 글로 표현해 봅니다. 단 공개된 자리에서 친구의 사적인 이야기를 하는 것이 실례가 될 수 있으니 당사자의 동의가 꼭 필요하다는 점을 미리 공지합니다. 사연 소개가 부끄럽다면 이니셜이나 닉네임 등을 사용하여 익명의 힘을 빌려도 좋다고 안내합니다. 다 쓴 후에는 다시 읽어보면서 문맥이 매끄럽도록 수정 및 보완을 합니다.

'사연 접수하기(퀘스트1-2)'는 다 완성된 사연을 선생님께 제출하는 단계입니다. 오프라인 수업이 가능하다면 직접 종이에 적어 선생님께 개인적으로 제출하면 됩니다. 그렇지만 온라인 수업만 가능한 경우에는 학급 커뮤니티의 '비밀글' 작성이나 '익명게시판' 등을 활용하여야 합니다. 또 선생님의 전자메일을 공개하여 그것을 통해 제출할 수도 있습니다. 미리 사연이 공개되면 최종 방송의 재미가 떨어지므로 최대한 비공개의 방법을 이용하여 제출할 수 있도록 해야 합니다.

STEP7 퀘스트2 과제확인하기

본격적으로 라디오 프로그램을 만들어 가는 시작 단계입니다. 새로운 라디오 프로그램을 만드는 PD처럼 제목, 편성 시간, 기획 의도 등을 활동지에 적어보도록 합니다.(퀘스트2-1) 편성 시간이나 기획 의도에 따라 프로그램의 분위기가 많이 달라진다는 점을 학생들에게 알려줍니다.

STEP8 관련영상 시청하기

'시그널 음악 선정과 오프닝 멘트 작성하기(퀘스트2-2)'를 위해서는 라디오 방송의 오프닝을 직접 들어보는 것이 좋습니다. QR 코드로 안내되는 영상은 '[KBS coolFM 라디오] 수현의 볼륨을 높여요' 오프닝 방송 영상입니다. 또 각 방송사마다 홈페이지에 가면 라디오 프로그램을 소개하는 페이지들이 있습니다. 특히 '다시 듣기' 코너에서 별도의 회원 가입 없이 지난 방송을 들을 수 있습니다. 몇 개 프로그램의 시그널 음악과 오프닝 멘트만 들어봐도 도움이 될 것입니다. [SBS 라디오(https://www.sbs.co.kr/radio), KBS 라디오(http://radio.kbs.co.kr/), MBC 라디오(http://www.imbc.com/broad/radio/)]

시그널 음악은 특정 프로그램의 시작을 알리는 곡으로, 추후에는 그 음악만 들어도 프로그램을 떠올리게 만드는 힘이 있습니다. 따라서 프로그램의 분위기에 어울리는 음악을 선곡해야 합니다. 학생들이 음악을 고를 때에는 저작권의 문제가 있으므로 미리 저작권 침해 예방에 관한 간단한 교육을 하는 것이 필요합니다. 유튜브 스튜디오(Youtube studio)의 오디오 보관함(Audio library)에서 '저작권 표시 필요 없음'으로 필터 검색하면 저작권에 영향을 받지 않는 음악 중 다양한 장르의 곡들을 듣고 다운로드할 수 있습니다. 학생들에게 미리 안내하면 도움이 될 것입니다.

KBS라디오 '박명수의 라디오쇼' 홈 화면   MBC라디오 '정오의 희망곡' 홈페이지   유튜브 스튜디오 – 오디오 보관함

이를 바탕으로 '이미지(섬네일) 만들기(퀘스트2-3)'을 진행합니다. 다양한 디자인 플랫폼(미리캔버스, 망고보드, 글씨팡팡 등)을 이용하면 손쉽게 깔끔한 이미지를 만들 수 있습니다. 그러나 소프트웨어를 조작하는데 개별 능력의 차이가 있을 수 있으므로 선생님이 융통성있게 적용합니다. 이 활동을 통해 앞서 기획한 내용을 다른 사람이 쉽게 알아볼 수 있도록 이미지화하여 함께 공유하면 방송 홍보 효과까지 더불어 노릴 수 있을 것입니다.

미리캔버스   망고보드   글씨팡팡

STEP9 퀘스트3 과제확인하기

퀘스트 1에서 각자 작성한 사연을 이제 나누어 받게 됩니다. 퀘스트 내용에서는 개별 라디오 방송국에 사연이 도착했다고 표현하고 있습니다.

오프라인 수업이라면 선생님이 가지고 있는 사연(출력물)을 무작위로 나누어 주는 것이 좋습니다. 다 함께 이뤄지는 추첨의 방식도 흥미롭습니다. 그러나 온라인으로만 가능한 수업이라면 번거우시더라도 학생들에게 일일이 사연을 나눠줘야 합니다. 학생들의 전자메일을 이용하거나 게시판의 비밀번호 기능을 활용하여야 개별적인 배분이 가능합니다.

사연을 받은 학생들은 그것을 바탕으로 '방송 원고 작성하기(퀘스트3-1)'를 시작합니다. 사연을 보낸 친구에게 필요한 코멘트를 작성하도록 합니다. 문학 작품 속 따뜻한 글귀를 인용하거나 글의 내용에 공감하는 한 마디도 좋습니다

그리고 사연에 어울리는 음악을 선정(퀘스트3-2)합니다. 꼭 우리말 가사가 있는 가요나 동요뿐만 아니라 다양한 분야의 음악(팝송, 클래식, 국악, 영화 음악, 연주 음악 등)을 골고루 들어볼 수 있도록 사전에 안내합니다. 사연에 어울리는 음악을 세 곡 정도 정해서 활동지에 기록해 본 후, 그 중 최종 한 곡을 결정하도록 합니다. 이때에도 저작권 침해를 하지 않도록 불법적인 다운로드를 금하고, 출처를 밝히도록 미리 이야기 합니다.

마무리하기

중심활동 | 라디오 방송 진행하기, 라디오 방송 청취하기
- [퀘스트4] 생방송 라디오 진행하기, 다 함께 청취하기,
- 방송을 들으며 실시간 댓글 달기
- 라디오를 듣고 느낀 점을 적고, 서로 공유하기
- [선택] 성찰저널 작성하기

STEP10 퀘스트4 과제확인하기

마지막 퀘스트4는 그동안 방송을 위해 준비했던 모든 것을 직접 해보는 단계입니다. '라디오 진행하기(퀘스트4-1)'는 실시간으로 라디오 방송을 하는 것입니다. 사전에 선생님과 학생들이 방송 순서를 조정하는 단계가 필요합니다. 학생들이 기획한 라디오 프로그램의 편성 시간을 그대로 맞출 수는 없지만 그 순서를 고려하여 편성을 해도 좋습니다. 오프라인 수업이라면 교실 한켠에 라디오 부스를 마련하고 그 곳에서 진행하면 됩니다. 여건이 된다면 웹캠 등으로 장면을 실시간 송출하면 청취하는 학생들이 스마트폰이나 태블릿으로 실시간 댓글(퀘스트4-2)을 달 수도 있습니다.

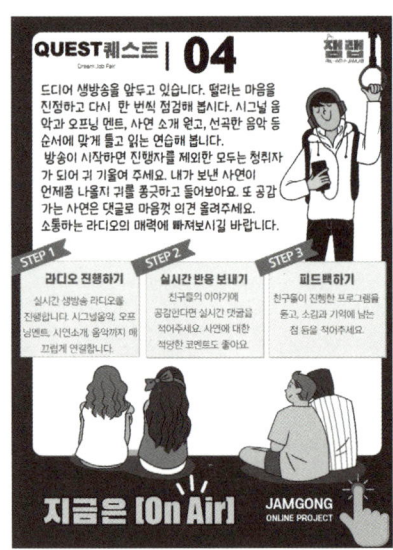

온라인 수업이라면 줌(zoom)과 같은 실시간 회의가 가능한 클라우드 플랫폼이 필요

합니다. 학생들이 모두 접속하여 순서에 맞게 방송을 진행합니다. 청취하는 학생들은 채팅창을 이용하여 실시간 댓글(퀘스트4-2)을 올립니다. 학급별 인원수에 따라 다르지만, 긴 소요시간이 예상된다면 꼭 하루에 모두 진행하지 않아도 괜찮습니다. 청취를 한 후에는 활동지에 라디오 방송을 듣고 난 소감과 기억에 남는 프로그램 등을 적습니다(퀘스트4-3). 서로의 피드백은 실시간 회의 방식이나 학급 온라인 커뮤니티에 게시글 형식으로 공유할 수 있습니다. 학급 여건에 맞게 운영하세요.

모든 활동이 끝나면 전체 프로젝트학습 과정을 되돌아보며 성찰저널을 작성하도록 해주세요. 학습의 과정, 배운 점과 느낀 점을 중심으로 일기처럼 자유롭게 기술하도록 하면 되는데요. 나만의 교과서 활동을 충실히 했다면, '성찰저널쓰기'를 생략해도 됩니다.

슬기로운 온라인 도구생활 2

수업 영상 제작에 최적화된 화면녹화프로그램, OBS Studio

온라인 수업을 위해 동영상 녹화 또는 실시간 스트리밍을 해야 할 때 사용하기 편리한 소프트웨어를 소개합니다. 바로 OBS(Open Broadcaster Software) Studio입니다. 1인 미디어 방송이 꾸준히 증가하는 요즘, 이미 유튜버 사이에서는 입소문난 프로그램입니다. 모든 운영 체제에 따른 버전을 제공해주고, 개인·기업·공공기관 등에서 무료로 사용 가능합니다. 그러나 무엇보다 사용법이 비교적 간단하고 쉽다는 점이 가장 큰 장점입니다.

OBS Studio는 화면 녹화 프로그램입니다. 주로 교사의 컴퓨터 화면에 수업자료를 띄워 강의하는 방식의 동영상을 만들고자 할 때 적격입니다. 수업에 자주 사용되는 프로그램(프리젠테이션, 디지털 교과서 등)과 파일 형식들(한글 문서, pdf, 이미지 파일 등)이 문제없이 obs로 녹화됩니다. 마이크와 웹캠 등의 장비가 갖춰진다면 교사의 얼굴과

목소리를 함께 입힐 수 있어 온라인 수업 영상을 제작하기 좋습니다.

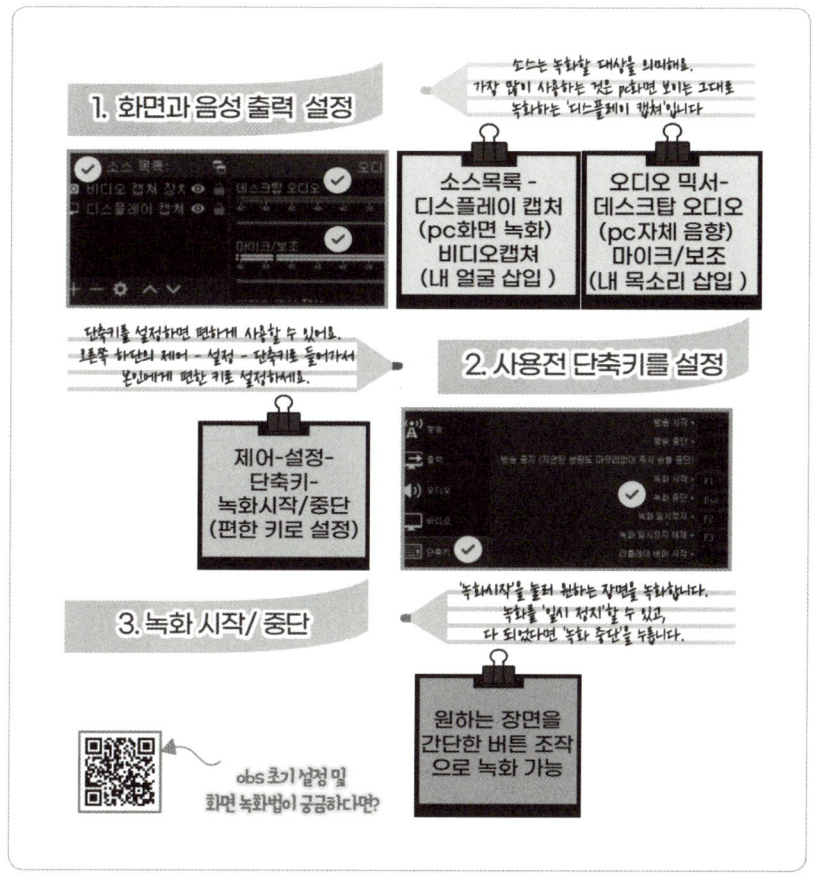

OBS의 사용법은 간단합니다. 먼저 프로그램을 설치한 후 소스 목록(녹화 화면)과 오디오 믹서(음성 출력)을 설정합니다. 그리고 좀 더 손쉬운 작동을 위해 본인에게 편한 단축키를 정합니다. 그럼 녹화 준비 끝! 이제 수업 자료를 띄우고 녹화를 시작하면 됩니다. (단 저작권이 있는 자료를 녹화 및 저장할 시 유의하여야 합니다.)

간편한 OBS Studio로 나만의 온라인 수업 동영상을 제작해 보는 건 어떨까요?

CHAPTER 05 JAM 아카데미, 유튜브 영상 공모전에 도전하라!

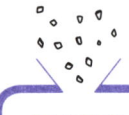

커버스토리 Cover Story

유튜브에서 새롭게 활동할 신예 유튜브 크리에이터를 모집한다고 합니다. 이번 유튜브 영상 공모전은 자신의 재능을 다른 사람들에게 기부하는 형식의 재능기부 영상을 주제로 연다고 하는데요.

최근 칸 아카데미가 널리 알려지면서 이를 통해 누구나 쉽게 다양한 지식을 배울 수 있게 되었죠? 이번 공모전은 제2의 칸 아카데미 채널을 만들고자 구글이 야심차게 준비한 영상 공모전입니다. 여러분들은 유튜브 크리에이터로서 공모전에 출품할 영상을 만들어 주세요. 아래 자세한 영상 공모전 계획이 나와 있으니 참고해주시기 바랍니다.

*칸아카데미(KHAN ACADEMY): 전 세계 모든 학생들에게 양질의 무상교육을 제공하기 위해 온라인에서 무료로 들을 수 있는 교육서비스(출처: 네이버 지식백과)

::: 온라인 프로젝트 QR CODE :::

Step 01. 도입영상 시청하기

Step 02. 커버스토리 확인하기

— 유튜브 영상 공모전 —
- 주제 : 제2의 칸 아카데미 영상 만들기
- 영상 내용 : 자유롭게 자신이 좋아하거나 잘하는 것
  (예 : 악기, 댄스, 만들기, 게임, 요리, 책 소개 등등)
- 영상 시간 : 5분 이내

활동순서 Activity Flow

❶ 온라인 프로젝트 과제 이해하기
커버스토리 파악하기 | 활동순서 살펴보기

❷ [퀘스트1] 내가 진짜 잘하는 게 뭘까?
내가 좋아하는 것과 잘하는 것 찾기 | 영상으로 찍을 주제 정하기

❸ [퀘스트2] 나도 유튜버가 될 수 있어
주제에 맞는 유튜버 찾아보기 | 다른 유튜버의 영상 벤치마킹하기

❹ [퀘스트3] 영상 촬영의 고수가 되자
주제에 맞게 콘티 작성하기 / 영상 제작하기

❺ [퀘스트4] 잼 아카데미 유튜브 공모전 개최
만든 영상 유튜브에 올리기 | 서로 영상을 보면서 피드백 해주기

Step 03. 전체 활동과정 짚어보기
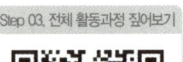

Step 04. 관련영상 시청하기

칸아카데미 설립자 살만 칸 TED 영상
(자막에서 한국어 추가하기)

[Q1 내가 진짜 잘하는 게 뭘까?]

유튜브 공모전에 도전하기 전에 어떤 주제로 영상을 찍을지 정해야 합니다. 자신이 좋아하는 것이나 잘하는 것 중에서 다른 사람에게 도움을 줄 수 있는 내용을 주제로 정해주세요. 아주 사소한 것이라도 누군가에게는 큰 도움이 될 수 있습니다. 칸 아카데미의 창립자인 살만 칸은 멀리 떨어진 조카에게 수학을 가르쳐 주기 위해서 유튜브에 영상을 올리기 시작하면서 칸 아카데미를 만들게 되었답니다. 이제 여러분이 좋아하는 것이나 잘하는 것이 무엇인지 본격적으로 찾아보도록 할까요?

::: 온라인 프로젝트 QR CODE :::
Step 05. 퀘스트1 과제확인하기

❶ 내가 좋아하고 잘하면서 다른 사람에게 소개해 주고 싶은 것 찾아보기

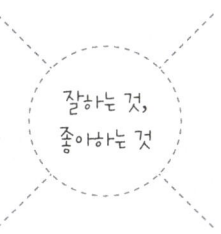

Action Tips 평소 즐겨보거나 즐겨 하던 어떤 것도 좋습니다. 우선 떠오르는 생각을 마인드맵으로 표현해 보세요. 혹시 잘 생각나지 않는다면 나를 잘 아는 가족이나 친구에게 물어보는 것도 좋습니다.

❷ 내가 정한 주제와 이유 적어보기

Action Tips 마인드맵을 통해 발견한 것 중 꼭 해보고 싶은 주제 하나를 정해주세요. 그리고 왜 이런 주제를 정하게 되었는지도 생각해 보세요.

❸ 내가 정한 주제가 다른 사람에게 어떤 도움을 줄 수 있는지 적어보기

Action Tips 정한 주제를 통해 누구를 어떻게 도울 수 있을까 생각해 보세요. 작은 도움이라도 누군가에게는 꼭 필요한 것일 수 있습니다.

나만의 교과서

 활동과정을 다시 떠올려보세요. 배우고 느낀 점들을 그냥 낙서하듯 자유롭게 표현하면 됩니다.

스스로 평가
자기주도학습의 완성!

나의 신호등

1	나는 지금까지 살아온 경험과 다른 사람들의 이야기를 통해 내가 잘하는 것과 좋아하는 것을 잘 파악하여 마인드맵을 완성하였다.	① ② ③ ④ ⑤
2	나는 내가 조사한 내용을 바탕으로 영상 촬영에 필요한 주제를 잘 선정하고 그 이유를 작성하였다.	① ② ③ ④ ⑤
3	나는 내가 정한 주제가 다른 사람에게 어떻게 도움이 될지를 고민하고 이유를 작성하였다.	① ② ③ ④ ⑤

[Q2] 나도 유튜버가 될 수 있어

어떤 주제로 재능기부 유튜브 공모전에 참여할지 정하셨나요? 이제 처음 유튜브 크리에이터가 되기로 한 당신에게 필요한 것은 무엇일까요? 바로 벤치마킹입니다. 유튜버 고수들의 영상을 보면서 나는 어떻게 말하고 어떤 주제로 영상을 찍을지 구체적으로 생각해 보세요. 자신의 주제에 맞는 유튜버들을 벤치마킹 해주세요. 벤치마킹은 똑같이 따라 하는 것이 아니라 장점을 찾는 것임을 기억하해야 합니다. 이제 시작해 볼까요?

::: 온라인 프로젝트 QR CODE :::
Step 06. 퀘스트2 과제확인하기

❶ 내가 벤치마킹 하고 싶은 유튜버와 영상을 찾아 작성하기

유튜버	주제 및 내용	벤치마킹 할 부분

Action Tips 벤치마킹이란? 어느 특정 분야에 우수한 상대를 비교하여 장점을 따라 배우는 것을 말합니다. 내 주제와 관련된 다양한 유튜버들을 탐색하여 그들이 어떻게 표현하고 영상에는 어떤 내용을 담고 있는지 파악해 보세요. 예를 들어 요리를 소개하는 영상을 찍고 싶다면 요리와 관련된 유튜버를 찾아보는 겁니다. 그리고 찾은 유튜버만이 가지고 있는 장점을 탐색하여 나중에 자신의 영상을 만들 때 참고하면 됩니다.

나만의 교과서

공부한 내용 중에 오랫동안 기억 속에 담아 두고 싶은 지식은 무엇입니까? 여러분들이 엄선한 지식 열매를 보물상자에 담아주세요.

스스로 평가
자기주도학습의 완성!

나의 신호등

1	내가 정한 영상 주제와 관련하여 도움이 되는 영상을 잘 탐색하였다.	① ② ③ ④ ⑤
2	다양한 분야의 유튜버들을 찾아보고 주제와 내용을 잘 파악하였다.	① ② ③ ④ ⑤
3	찾은 유튜버들에게서 배울 만한 장점을 잘 파악하여 정리하였다.	① ② ③ ④ ⑤

Q3 영상 촬영의 고수가 되자

여러 유튜버 고수들의 영상을 시청하셨나요? 유튜버 고수가 되기까지 많은 시간과 노력이 필요했겠죠? 하나의 영상을 촬영하고 편집하여 유튜브에 올리는 일은 쉬운 일이 아닙니다. 하지만 이번 공모전은 높은 수준의 영상을 요구하지 않습니다. 영상의 질보다 그 내용을 더 중요하게 생각하니 너무 부담 갖지 말고 도전해 주세요. 이제 여러분들이 벤치마킹한 내용을 가지고 촬영 준비를 해야 합니다. 영상을 촬영하고 제작하는 데는 상당한 시간과 노력이 필요합니다. 어려운 과정이지만 잘 해낼 거라 믿습니다.

::: 온라인 프로젝트 QR CODE :::
Step 07. 퀘스트3 과제확인하기

❶ 영상을 촬영하기 전 준비하기

영상 제목	
영상 스토리 (간단하게)	
준비물	

Action Tips 영상 제목은 사람들 시선을 끌 수 있는 제목이면 더 좋겠죠? 영상 스토리는 어떤 주제로 영상을 촬영할 것인지 간단하게 정리하는 과정입니다. 그리고 마지막으로 영상을 제작하는데 필요한 준비물들을 잘 준비해 주세요. 촬영하는 것보다 준비하는 과정이 매우 중요합니다.

❷ 영상 제작하기(계획서를 작성하여 영상을 촬영해 주세요.)

CUT(컷) 순서	비디오	오디오	자막	준비물

Action Tips 비디오에는 촬영 기법이나 구도 등을 작성하고 오디오는 배경음악이나 효과음 등이 필요하다면 간단히 정리하면 됩니다. 영상에 대사가 들어갈 때 미리 자막을 만들면 더 쉽게 촬영할 수 있습니다.
영상을 제작할 때 다른 영상 소스나 음원을 삽입할 때에는 저작권에 유의하여 사용해 주세요.

나만의 교과서

나의 지혜나무

배운 내용의 중심용어(단어)들로 지혜나무를 완성해 주세요. 관련성이 높은 용어들을 한 가지에 묶어 주는 것이 중요합니다. 탐스런 지식열매가 가득 차도록 자유롭게 꾸며주세요.

스스로 평가
자기주도학습의 완성!

나의 신호등

1	나는 주제에 맞는 제목과 내용을 선정하였다.	① ② ③ ④ ⑤
2	나는 영상을 촬영하기 전 준비해야 할 것에 대해 잘 알게 되었다.	① ② ③ ④ ⑤
3	나는 촬영을 하기 위해 사전 준비를 잘하여 영상을 촬영하였다.	① ② ③ ④ ⑤

Q4 JAM 아카데미 유튜브 공모전 개최

드디어 여러분들이 만든 영상이 완성했다는 소식을 들었습니다. 참 기쁩니다. 마지막으로 여러분은 자신이 만든 영상을 유튜브 영상 공모전에 출품해야 할 일만 남았습니다. 자신이 만든 영상과 영상을 간단히 소개하는 썸네일을 만들어 참가하면 됩니다. 이제 'JAM 아카데미 유튜브 영상 공모전'을 열어볼까요? 공모전을 통해 다른 사람에게 재능을 기부하는 멋진 유튜버로 성장하길 바랍니다. 참가자 여러분 모두를 응원합니다.

::: 온라인 프로젝트 QR CODE :::

Step 08. 퀘스트4 과제확인하기

❶ 당신의 영상을 홍보할 유튜브 썸네일 제작하기

Step 09. 관련영상 시청하기

미리캔버스 사용법

Action Tips 자신의 영상을 홍보할 수 있는 썸네일을 제작해 주세요. 썸네일은 영상을 요약하여 한 화면에 보여주는 것을 말합니다. 유튜브 썸네일은 유튜브 영상 처음에 나오는 이미지를 말합니다. 참고 영상을 보면서 미리캔버스를 활용하면 더 쉽게 썸네일을 만들 수 있습니다. 프로그램을 다루는 것이 어렵다면 종이에 직접 표현한 후 사진을 찍어도 됩니다.

❷ 제작한 작품을 학급홈페이지 또는 유튜브에 올리고 다른 친구들의 작품을 감상 후 감상평을 작성해 주세요.

친구 이름					
영상 주제					
감상평					

Action Tips 다른 친구들이 어렵게 만든 작품을 끝까지 다 모든 것은 매우 중요합니다. 조금 부족해도 서로 칭찬하고 격려해 주세요. 인상적인 부분이나 배울 점 등을 활동지에 작성해 주세요.

나만의 교과서

The Big Idea! 프로젝트학습을 수행하는 과정에서 배우고 느낀 점은 무엇입니까? 머릿속에 담겨진 그대로 꺼내어 마인드맵으로 표현해 봅시다. 더불어 학습과정에서 얻게 된 빅아이디어, 창의적인 생각을 정리하는 것도 잊지 마세요.

Big Idea! Creative Thinking!

스스로 평가
자기주도학습의 완성!

나의 신호등

1	나는 제시된 조건에 맞게 재능기부 영상을 제작하였다.	① ② ③ ④ ⑤
2	나는 내 영상을 홍보할 유튜브 썸네일을 만들었다.	① ② ③ ④ ⑤
3	나는 온라인 유튜브 공모전에 적극적으로 참가하였다.	① ② ③ ④ ⑤
4	나는 다른 친구들이 올린 영상을 보고 알맞은 감상평을 작성하였다.	① ② ③ ④ ⑤

JAM 아카데미, 유튜브 영상 공모전에 도전하라!

SYNOPSIS

'JAM 아카데미, 유튜브 영상 공모전에 도전하라!'는 살만 칸이 설립한 칸아카데미를 모티브로 만든 PBL프로그램입니다. 어린 조카에게 유튜브로 수학을 가르치기를 원했던 살만 칸의 작은 동기가 결국 칸 아카데미로 꽃피우게 되고, 600만 구독자, 8000여개의 영상을 보유한 유튜브 대표채널로 성장하게 되었습니다. 현재는 전 세계에 배움을 원하는 많은 사람들에게 무료로 지식을 제공하는 중요한 배움터가 되고 있습니다.

이 수업의 목적은 Z세대라 불리는 영상에 최적화된 세대로 하여금 유튜브가 단지 즐거움을 주는 매체가 아닌 다른 사람을 도울 수 있는 선한 수단으로 활용될 수 있음을 경험하도록 하는데 있습니다. 이를 위해 자신의 진로를 가볍게 모색해보고, 영상을 제작하는 방법을 익혀 참여해야 합니다. 영상을 촬영하고 간단히 편집할 수 있다면 누구나 참여할 수 있으며, 활동의 성격상 자유학년활동이나 창의적 체험활동뿐만 아니라 다양한 교과와 연계하여 진행할 수 있습니다.

'JAM 아카데미'는 협업이 용이한 오프라인 수업활동과 연계해 진행하면 좋겠지만, 온라인 참여에 국한되었더라도 자신만의 개성 있는 영상을 만들어 볼 수 있으므로 교육과정을 고려해 실천해 보길 바랍니다.

▶ 적용대상(권장): 초등학교 3학년 – 중학교 3학년
▶ 자유학년활동: 진로탐색
▶ 학습예상소요기간(차시): 12 – 18일(9 – 13차시)
▶ 관련교과 내용요소(교육과정)

교과	영역	내용요소		
		초등학교[3 – 4학년]	초등학교[5 – 6학년]	중학교[1 – 3학년]
국어	쓰기	• 의견을 표현하는 글 • 마음을 표현하는 글	• 설명하는 글 [목적과 대상, 형식과 자료] • 목적·주제를 고려한 내용과 매체 선정	• 감동이나 즐거움을 주는 글 • 설명하는 글[대상의 특성]
	말하기 듣기	• 정보 전달, 설득, 친교 및 정서 표현 • 친숙한 화제	• 구어 의사소통 • 발표[내용 구성] • 매체 자료의 효과	• 대화[공감과 반응] • 의미 공유 과정

도덕	자신과의 관계	• 왜 최선을 다해야 할까? (인내)	• 자주적인 삶이란 무엇일까? (자주, 자율)	• 나는 어떤 사람이 되고자 하는가?(자아정체성)
미술	표현	• 다양한 주제 • 표현 계획	• 소재와 주제 • 제작 발표	• 주제와 의도 • 표현 매체
	감상	• 작품에 대한 느낌과 생각	• 작품의 내용과 형식	• 작품 해석
창의적 체험 활동	진로 활동	• [자기이해] 강점, 증진 활동	• [자기이해] 긍정적 자아 개념 형성, 일의 중요성 이해	• [자기이해] 긍정적 자아 개념 강화

재미교육연구소 3년차 연구원이며 프로젝트에 빠져서 4년 전부터 프로젝트로 수업하는 초등교사로 살고 있습니다. 너무 늦게 프로젝트의 맛을 알아 버려서 후회하지만 앞으로 남은 교직생활 동안 아이들과 더 흥미진진한 프로젝트학습으로 만날 날을 기대하고 있습니다. 3년 동안 20개 이상의 프로젝트학습을 만들면서 PBL CREATOR로서의 묘미를 느끼고 있습니다. PBL수업 100개 만들기를 목표로 재미교육연구소에서 소장님을 따라 진정한 프덕(프로젝트학습 덕후)으로 거듭나기를 꿈꿉니다.

온라인 프로젝트 수업가이드

'JAM 아카데미' 프로젝트 수업을 원활히 진행하려면 영상을 공유할 수 있는 학급 커뮤니티가 필요합니다. 영상이다 보니 파일 크기가 크면 용량 제한으로 인해 올릴 수 없는 경우가 생깁니다. 그럴 경우 유튜브에 영상을 업로드 후 영상 링크를 공유하는 방법이 유용합니다. 공유된 영상이 학급에서 함께 볼 수 있어야 서로 피드백이 되면서 마지막 단계인 유튜브 영상 공모전이 가능합니다.

학생들에게 가능하다면 활동지를 미리 배부할 필요가 있습니다. 주제를 정하고 영상을 계획하는 단계에서 활동지가 필요합니다. 등교수업이나 학습꾸러미를 이용해 활동지가 제공되도록 해주세요. 잼공온라인 프로젝트 활동지에는 QR코드가 단계(step)마다 제공되고 있습니다. QR코드를 안내해 주시거나 단계별 링크를 제공해 주셔도 됩니다. 이 수업은 총 4개의 퀘스트로 구성되어 있습니다. 오프라인 수업 진행이 불가능한 상태에서는 학습자의 과제부담을 고려해 3-4주 정도의 시간을 갖고 천천히 진행하는 것이 좋습니다. 교육과정 운영 상황에 맞게 창의적재량활동과 교과 수업을 조합하여 운영하시기를 추천해 드립니다.

> ### 시작하기
> **중심활동 | 커버스토리 파악하기, 학습흐름 이해하기**
> - [사전활동] 살만 칸이 강연하는 TED 영상을 시청하면서 칸 아카데미 이해하기
> - 도입영상을 통해 프로젝트학습 주제 확인하기
> - 커버스토리를 확인하고 주어진 문제 상황 파악하기
> - 활동순서를 짚어보며, 전체적인 학습 흐름과 각 퀘스트별 활동 파악하기

STEP1 도입영상 시청하기

유튜브 최고 경영자인 더프 그래디가 새로운 유튜브 크리에이터를 발굴하기 위해 유튜브 공모전을 열게 되었다는 이야기로 시작합니다. 영상을 보고 시작하면 더 효과적인 수업이 될 수 있을 겁니다.

다른 사람을 돕는 재능 기부 유튜브 영상 공모전에 자신이 유튜브 크리에이터가 되어 작품을 출품하는 이야기의 흐름으로 구성되어 있습니다.

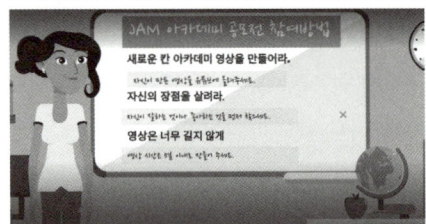

영상에서 출품 의도와 방법 등을 간단하게 미리 알 수 있도록 하였습니다.

STEP2 커버스토리 확인하기

유튜브 영상 공모전을 하게 된 이유에 대해 학생들이 문제 상황 속으로 빠져들 수 있도록 하는 것이 중요합니다. 커버스토리에 담긴 핵심내용을 파악할 수 있도록 안내해주세요. 특히 유튜브 영상을 만드는 이유가 유명해져서 인기를 얻는 것이 아니라 누군가에게 도움을 줄 수 있는 멋진 일임을 알 수 있게 해주세요. 칸 아카데미 외에도 TED, 세바시처럼 유명인사를 초대하여 좋은 강연을 들을 수 있는 채널도 함께 안내해주시면 더 효과적인 학습이 이루어질 것입니다.

 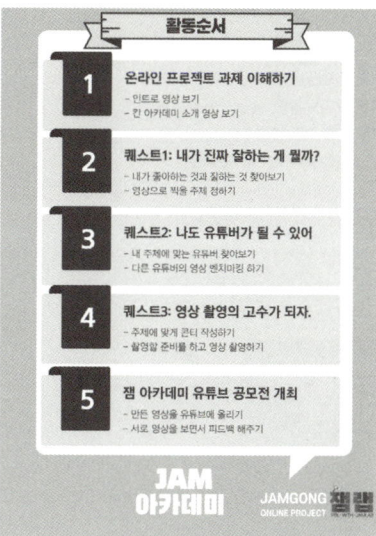

STEP3 전체 활동과정 짚어보기

활동순서 카드를 활용해 전체적인 학습 흐름과 각 퀘스트별 중심활동을 짚어보는 시간을 갖습니다. 가능하다면 전체 수업 일정과 내용을 확인하도록 합니다.

STEP4 관련영상 시청하기

온라인 사전활동으로 TED '살만 칸' 편 영상을 보고, 칸 아카데미가 어떻게 처음 시작되었고 발전하였는지 함께 생각해 보는 활동을 통해 재능기부 영상을 왜 만들어야 하는지에 대한 동기부여가 될 것입니다. 영상 자막이 안 나오면 유튜브 옵션에서 자막을 한국어로 설정하도록 안내해 주세요.

전개하기

중심활동 | 주제를 정하여 주제에 맞는 영상 제작하기
- [퀘스트1] 내가 좋아하는 것과 잘하는 것 찾기, 영상으로 제작할 주제 정하기
- [퀘스트2] 주제에 맞는 유버 찾아보기, 다른 유튜버의 영상 벤치마킹하기
- [퀘스트3] 주제에 맞게 콘티 작성하기, 영상 제작하기

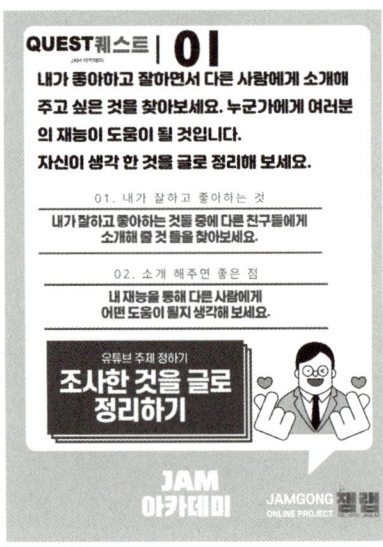

> **STEP5** 퀘스트1 과제확인하기

　재능기부 영상을 찍기 전에 가장 먼저 해야 할 것은 주제를 정하는 일입니다. 재능기부 영상이다 보니 자신이 다른 사람에게 도움을 줄 수 있는 소재가 좋을 것 같습니다. 실제 초등학교 4학년 학생들과 함께 수업했을 때 아이들이 정한 주제는 종이접기, 리코더, 요리, 게임, 만화그리기, 책 소개, 만들기 등 자신이 평소 좋아하고 즐겨 했던 것들이 많이 나왔습니다. 퀘스트1에서는 문제 상황을 제시하면서 자신이 좋아하고 잘하는 것을 주제로 정하면 나중에 영상을 촬영하는 것도 즐겁게 할 수 있다는 것을 강조해 주세요. 마인드맵을 통해 나는 어떤 것을 좋아하고 잘하는지를 생각나는 대로 작성하도록 도와주세요.

　마인드맵을 통해 생각이 정리되었다면 그 중 마음에 드는 주제를 정하고 자신이 정한 주제가 다른 사람에게 어떻게 도움을 줄 수 있는지를 생각할 수 있도록 해주세요. 리코더를 잘 부는 아이라면 자신이 리코더 부는 법을 안내 해주면 누군가는 그 영상을 보고 리코더를 더 잘 연주할 수 있게 되겠죠? 거창한 주제보다 소소하지만 단 한 사람이라도 도움이 될 수 있는 주제를 선택할 수 있도록 안내해 주세요.

> **STEP6** 퀘스트2 과제확인하기

　나에 대한 탐구를 통해 좋아하는 것과 잘하는 것들을 찾아내어 찍고 싶은 영상의 주제를 정한 후에 퀘스트2 활동이 이루어져야 합니다.

　퀘스트2 활동은 자신의 주제와 관련된 유튜브 영상을 벤치마킹 해보는 시간입니다. 다양한 유튜버들의 영상을 확인해 보면서 전문가처럼 영상을 제작할 수는 없겠지만, 여러 가지 장점들을 발견하여 더 좋은 영상을 제작할 수 있을 겁니다.

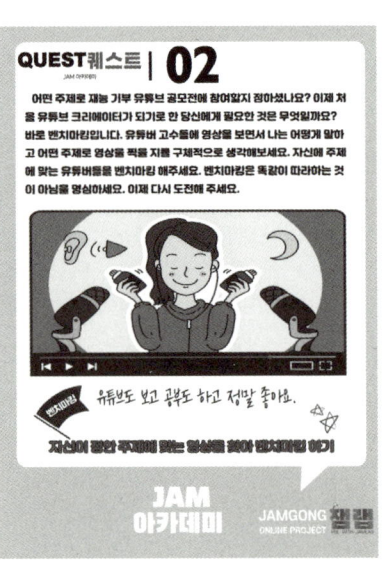

자칫 활동이 유튜브를 시청만 하는 활동으로 변질될 수 있습니다. 반드시 활동지를 통해 시청한 영상의 주제와 내용을 정리하고 밴치마킹할 부분을 작성할 수 있도록 지도해 주세요.

STEP7 퀘스트3 과제확인하기

퀘스트3은 이번 PBL 수업에서 가장 중요한 단계인 영상을 제작하는 단계입니다. 활동지를 바탕으로 영상의 제목과 간단한 스토리를 작성합니다. 그리고 필요한 준비물이 있다면 준비합니다. 삼각대와 스마트폰만 이용해도 충분히 좋은 영상을 촬영할 수 있을 겁니다.

영상을 촬영할 때 한 번에 끝까지 촬영하는 것은 힘듭니다. 영상을 나눠서 촬영한 후 다양한 동영상 편집 프로그램을 이용할 수 있도록 안내해주세요. 학생이 자신의 얼굴이 영상에 나오는 것을 싫어한다면 나오지 않아도 된다고 안내해 주세요. 아래 QR코드는 다양한 영상편집 앱들을 배울 수 있는 링크입니다.

VLLO(블로) 사용법(유튜브)

키네마스터 사용법(유튜브채널)

비바비디오 사용법(유튜브)

마무리하기

중심활동 | 유튜브 영상 공모전 준비하기, 공모전 열기, 서로 피드백 해주기
- [퀘스트4] 미리캔버스를 활용하여 유튜브 썸네일 제작하기
- 제작한 영상을 업로드 하기
- 영상 공모전에 참여한 영상을 보고 감상평 작성하기
- [선택] 성찰저널 작성하기

STEP8 퀘스트4 과제확인하기

퀘스트4는 완성된 영상을 업로드하여 공모전에 참여하는 과정입니다. 참여 전에 유튜브 썸네일을 제작해보는 활동을 하게 됩니다. 자신이 만든 영상을 홍보하고 요약해보는 썸네일 제작은 미술교과 연계하여 진행할 수도 있습니다.

썸네일은 온라인 수업임을 고려하여 망고보드나 미리캔버스 등 웹 디자인 도구를 활용하여 진행할 수도 있고 프로그램을 다루는 것이 어렵다면 종이에 직접 그려서 완성한 후에 사진을 찍어서 제작해도 됩니다.

썸네일과 영상제작이 끝나면 영상을 유튜브에 업로드 합니다. 이때 모두 공개하는 것이 싫다면 일부 공개로 올려도 됩니다. 올린 영상의 링크 주소가 만들어지면 학급에서 운영하는 온라인 커뮤니티를 활용하여 링크 주소를 공유하도록 안내해주세요. 유튜브에 직접 올리기를 어려워한다면 영상 업로드를 제공하는 온라인 커뮤니티에 직접 올리도록 해주세요. 마지막으로 다른 친구들이 올린 영상을 보면서 기억에 남는 영상을 선정하고 활동지에 감상평을 기록하도록 안내합니다.

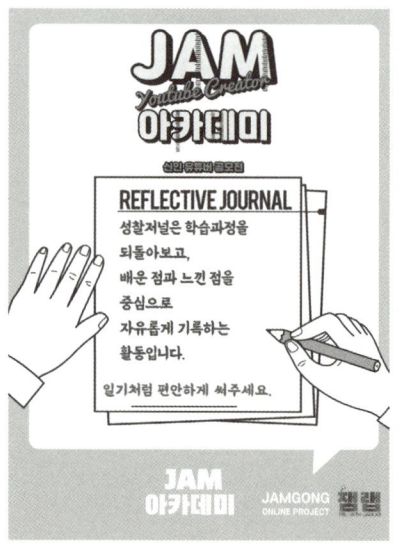

모든 활동이 끝나면 전체 프로젝트학습 과정을 되돌아보며 성찰 저널을 작성하도록 해주세요. 학습의 과정, 배운 점과 느낀 점을 중심으로 일기처럼 자유롭게 기술하도록 하면 되는데요. 나만의 교과서 활동을 충실히 했다면, '성찰저널쓰기'를 생략해도 됩니다.

성찰저널

실시간 반응 집계를 원한다면? 멘티미터!

"오늘 수업은 여기서 마치겠습니다. 모르는 부분이나 궁금한 점 있으면 질문해도 좋아요."

"······."

수업을 마친 후, 질의 응답 시간에 쥐죽은 듯 조용했던 경험이 있으신가요? 심지어 학생들은 교사의 눈을 피하기도 하고, 침묵 게임이라도 하는 듯 조용히 있곤 합니다. 학생들이 수업 내용을 모두 이해해서 모르는 부분이 없는 것인지, 쑥스러워서 질문하지 못한 것인지 궁금할 때가 있는데요. 이럴 때 '멘티미터'를 활용해보세요. 학생들의 실시간 응답을 통해 수업 내용을 퀴즈로 풀어내며 이해도를 점검할 수 있고, 질문이나 생각도 한눈에 정리해주어 교실 TV 화면으로 모두 함께 공유할 수 있습니다. 무엇보다 학생들이 재미있어하고요!

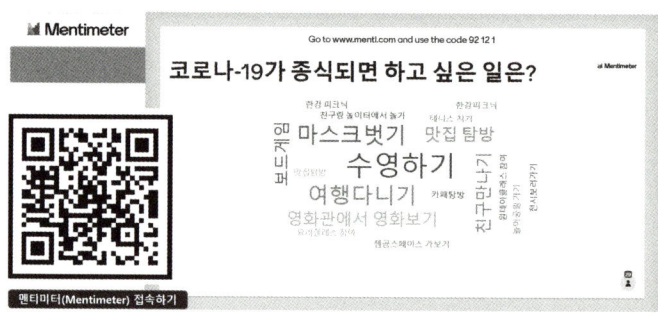

멘티미터(Mentimeter) 접속하기

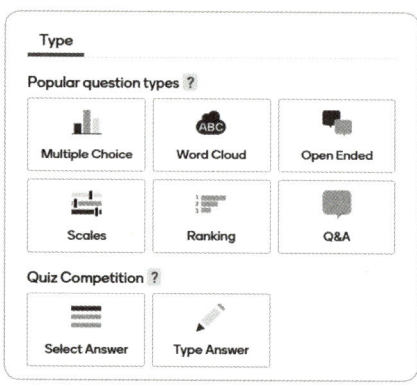

멘티미터는 파워포인트의 친절한 버전이라고 생각하시면 되는데요, 맨땅에 기초공사부터 해야 하는 파워포인트와는 다르게 멘티미터는 기본 Type들을 제공해줍니다. 사용자는 원하는 Type을 선택하여 빈칸만 채우면 되는 것이죠.

가장 유용하게 쓰이는 Type 8가지가 화

면 오른쪽에 제시되어 있습니다. 다중선택이 가능한 Multiple Choice, 낱말을 한 덩이로 만들어 시각적으로 표현해주는 Word Cloud, 개방형 질문인 Open Ended, 척도로 나타내는 Scales, 등수를 보여주는 Ranking, 자유로운 Q&A, 선다형 퀴즈인 Select Answer, 주관식형인 Type Answer가 있습니다. 수업 주제와 활동 성격에 적절한 Type을 선택하여 빈칸을 채우면 presentation이 바로 완성됩니다.

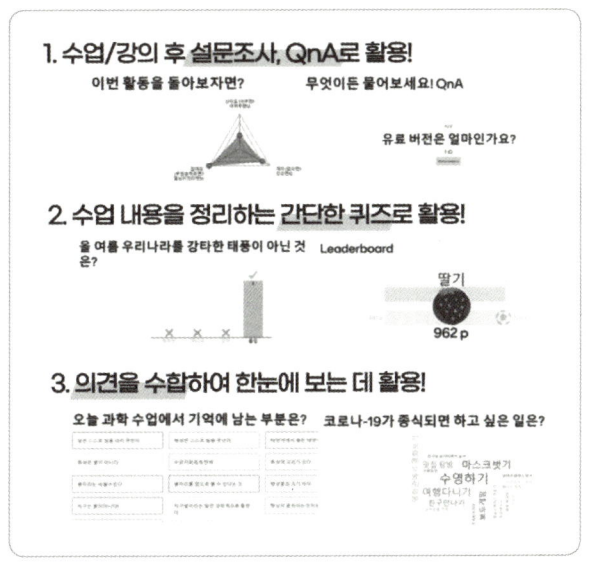

그렇다면 언제 어떤 Type을 활용하는 게 좋을지 예를 들어 알아볼까요? 먼저, 수업이나 강의 후 난이도나 이해도, 유용한 정도를 수치로 나타내고 싶을 때는 Scales를 활용할 수 있습니다. 자유로운 질문을 받고 싶을 때는 Q&A가 좋겠지요. 퀴즈를 통해 수업 내용을 확실히 정리하고 싶을 때는 2가지의 퀴즈 Type을 활용할 수 있습니다. 단, 무료 버전에서 퀴즈는 한 presentation당 6개의 slide까지 가능합니다. 주제에 대한 학생들의 의견을 한데 모아보기에는 Open ended나 Word Cloud가 적절하겠네요. 앞으로는 즉각적인 피드백이 필요한 시점에 멘티미터를 떠올려주세요.

CHAPTER 06 나를 보여줄게! 방방마다

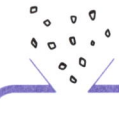

커버스토리 Cover Story

빈센트 반 고흐가 그린 〈아를의 침실〉이라는 작품을 아시나요? 이 그림에 등장하는 방에는 짙은 녹색의 창, 빨간 이불, 푸른 문, 고동색 침대와 탁자 등이 있습니다. 의자, 액자, 베게 등 대부분의 물건은 2개씩 그려져 있지요. 믿고 의지했던 동료 화가 고갱에 대한 그리움과 정신적인 불안에 시달리던 고흐는 이 그림을 통해 절대적인 휴식을 표현하고 싶었다고 하네요. 이번에 〈아를의 침실〉을 대표작품으로 한국을 찾아오는 반고흐 전시회에는 체험 전시의 일환으로 〈나를 보여줄게! 방방마다〉라는 특별 부스가 꾸며질 예정입니다. 방이라는 주제를 통해 서로를 좀 더 이해하고 소통하기 위한 이번 행사에 여러분이 꿈꾸던 나만의 방을 표현해 주세요. 서로를 이해할 수 있는 소중한 기회가 될 것입니다.

이제 방문을 열고 당신을 보여주세요!

::: 온라인 프로젝트 QR CODE :::

Step 01. 도입영상 시청하기

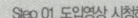

Step 02. 커버스토리 확인하기

활동순서 Activity Flow

❶ 온라인 프로젝트 과제 이해하기
커버스토리 파악하기 | 활동 순서 살펴보기

❷ [퀘스트1] 상상 속 나의 방
다양한 방의 모습 찾아보기 | 나만의 방 이름 짓기

❸ [퀘스트2] 당신의 방을 꾸며 보세요
7가지 질문을 생각하면서 방 꾸밀 것 선택하기

❹ [퀘스트3] 당신의 방을 표현해 보세요
다양한 재료와 방법을 활용해 나만의 방 표현하기

❺ [퀘스트4] 당신의 방을 소개해 주세요
내가 만든 방 사진을 찍어 전시공간에 올리고 소개하기

❻ [퀘스트5] 전시회 관람 | 성찰저널 작성
온라인 특별 부스를 관람하고 댓글 달기 | 성찰저널 작성

Step 03. 관련 영상 시청하기

Step 04. 전체 활동과정 짚어보기

Q1 상상 속 나의 방

'새로 이사한 집에 나만의 방이 생긴다면?'
'지금 쓰고 있는 방을 새롭게 꾸민다면?'
'평소 하고 싶었던 무언가를 마음껏 할 수 있는 방이 생긴다면?'

즐거운 상상을 해보세요. 상상 속 방은 어떤 모습인가요? 그 속에서 당신은 무엇을 하고 있나요? 내가 바라는 것을 생각하며 방의 모습을 떠올려보세요. 조금 막연하다면 방을 꾸미기 위해 참고할만한 이미지를 검색해보세요. 그리고 이곳을 표현할 수 있는 멋진 이름을 생각해봅시다.

::: 온라인 프로젝트 QR CODE :::
Step 05. 퀘스트1 과제 확인하기

❶ 상상 속 나의 방은 오로지 나만을 위한 것들로 꾸며질 공간입니다. 이곳에서는 당신이 원하는 모든 것이 가능하지요. 내가 좋아하는 것, 해보고 싶었던 활동이나 호기심을 갖고 있는 것을 적어보세요.

❷ 당신의 상상 속 방에 붙이고 싶은 이름을 고르고, 그 속에 담긴 의미를 적어보세요.

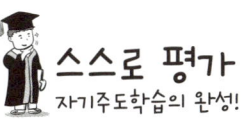

스스로 평가
자기주도학습의 완성!

나의 신 호 등

1	나는 평소 좋아하거나 관심 있는 것을 살펴보며 나의 성향을 파악하였다.	❶❷❸❹❺
2	나는 상상 속 방의 모습을 떠올리며 그에 어울리는 이름과 의미를 설명하였다.	❶❷❸❹❺

Q2 당신의 방을 꾸며 보세요.

상상만으로도 방이 가득 차버리진 않았나요? 하고 싶은 것, 갖고 싶은 것은 많지만 조금 덜어내야겠네요. 이제부터 당신만의 방을 만들기 위한 7가지 질문이 시작됩니다. 이 질문을 통해 상상 속 방의 모습을 하나씩 정리해보세요. 당신의 선택으로 완성될 이곳이 당신의 개성과 생각을 대신 말해줄 겁니다.

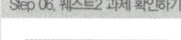

① 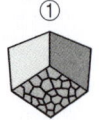 **[벽지와 바닥]** 좋아하는 색으로 벽을 꾸민다면 어떤 색을 선택하시겠습니까? 원하는 무늬도 넣을 수 있습니다. 바닥은 어떤 느낌이 좋을까요?

② **[가구]** 3가지 가구를 넣을 수 있다면 어떤 것들이 필요한가요? 필요한 가구를 정했다면 모양, 소재, 색 등을 골라보세요.

③ 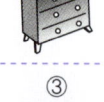 **[가전제품]** 당신의 방에 있으면 하는 가전제품 2가지를 골라보세요. 당신이 이곳에서 하고 싶은 일이 있다면 많은 도움이 될 겁니다.

④  **[장식품]** 당신의 방을 더 멋진 공간으로 만들고 싶다면 어떤게 좋을까요? 그림, 인형, 트로피, 악기, 책 등 다양한 물건을 생각해 보세요.

⑤  **[함께할 친구]** 평소 함께하고 싶었던 반려동물이나 식물이 있나요? 방 한편에 그 친구를 위한 자리를 마련해 보세요.

⑥  **[창문 밖 풍경]** 방에 커다란 창문이 하나 있군요. 창문 밖으로 보이는 풍경은 어떤 모습이면 좋을지 떠올려 보세요.

⑦  **[금고 속 보물]** 방에 금고가 있다며 그 속에 어떤 걸 보관하시겠습니까? 가장 소중한 물건 하나만 넣을 수 있으니 신중하게 골라보세요.

Action Tips 선택한 것을 떠올리며 구체적으로 기록해 보세요. 예를 들어 방에서 물고기를 키우기 위해 수조를 놓고 싶다면 수족 속에는 어떤 물고기가 있을지도 생각해보세요. 소파를 놓고 싶다면 어떤 용도로 사용할지에 따라 모양과 소재가 달라질 겁니다. 구체적인 이미지가 떠오른다면 나만의 교과서에 그림으로 표현하는 것도 좋습니다.

나만의 교과서

 활동과정에서 선택한 것을 떠올리며 상상 속 나만의 방을 그려보세요. 잘 그리려고 하기보다는 낙서하듯 자유롭게 표현하면 됩니다.

스스로 평가
자기주도학습의 완성!

나의 신호등

1	나는 선택한 것을 떠올리며 구체적으로 기록하였다.	① ② ③ ④ ⑤
2	나는 평소 좋아하거나 관심을 기울이고 있는 것, 하고 싶은 일들을 살펴보며 나의 성향을 알게 되었다.	① ② ③ ④ ⑤
3	나는 문제해결을 위해 탐구한 내용과 수집한 정보를 바탕으로 나만의 교과서를 멋지게 완성하였다.	① ② ③ ④ ⑤

Q3 당신의 방을 표현해 보세요.

앞에서 선택한 여러 요소들이 합쳐지면 당신의 개성과 생각을 드러내는 공간이 완성될 것입니다. 이제 당신이 디자인한 방을 표현해 보세요. 직접 그리거나 점토, 블럭 등 다양한 재료를 활용해서 만들어도 좋습니다. 너무 복잡한 것이 있다면 출력물이나 사진을 활용해도 됩니다. 다만 방의 크기를 고려해 방에 들어가는 물건들은 적당한 크기로 만들어주세요.

::: 온라인 프로젝트 QR CODE :::
Step 07. 퀘스트3 과제 확인하기

❶ 종이를 이용해 바닥과 벽으로 활용할 입체구조를 만들어 보세요. 1번과 2번은 벽으로 이용하고, 3번과 4번은 겹쳐 바닥으로 만듭니다.

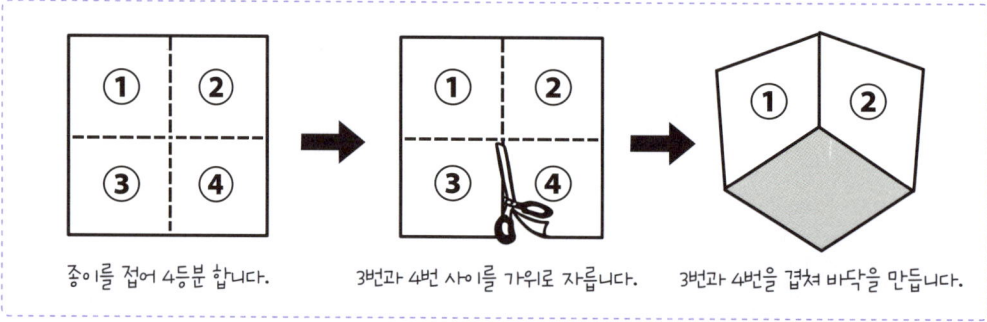

Action Tips 정사각형의 종이를 이용할 경우 바닥에 비해 벽이 다소 높아 보일 수 있습니다. 이때는 1, 2번 벽을 조금 잘라 낮추면 바닥이 더 넓어 보입니다. 하드보드지나 우드락 등 재료를 활용하면 더 단단한 입체구조를 만들 수 있습니다.

❷ 앞에서 선택한 여러 요소를 떠올리며 직접 그리거나 다양한 재료와 방법을 활용해 나만의 방을 표현해 보세요. 벽에 창문을 만들어 당신이 원하는 풍경을 표현하는 것도 잊지 마세요.

Action Tips 미니어처란 사물을 실제보다 작은 크기로 만들어 놓은 것을 말합니다. 검색사이트에서 '미니어처 집'을 검색하면 다양한 표현 방법을 참고할 수 있습니다.

스스로 평가
자기주도학습의 완성!

나의 (신)(호)(등)

1	나는 바닥과 벽을 입체구조로 만들어 활용하였다.	❶❷❸❹❺
2	나는 직접 그리거나 다양한 재료와 방법을 활용해 나만의 방을 표현하였다.	❶❷❸❹❺
3	나는 앞에서 선택한 여러 요소를 방의 크기에 맞게 어울리도록 만들었다.	❶❷❸❹❺

Q4 당신의 방을 소개해 주세요.

드디어 상상 속에 그리던 방이 완성되었습니다. 완성된 방을 보며 흐뭇하게 웃고 있을 여러분의 모습이 기대되는군요. 이제 여러분이 만들고 싶었던 방의 모습과 특징이 잘 나오도록 사진을 찍어 온라인 특별 부스에 올려주세요. 그리고 전시회를 방문한 사람들에게 방과 당신에 대해 소개하는 글을 남겨주세요. 자, 그럼 온라인 특별 부스로 이동해볼까요?

::: 온라인 프로젝트 QR CODE :::
Step 08. 퀘스트4 과제 확인하기

❶ 완성된 방은 당신을 비춰주는 거울과 같은 존재입니다. 이 방을 통해 표현하고 싶었던 건 무엇인지 잘 생각해보고, 전시회에 남길 소개 글을 정리해보세요.

Action Tips 당신의 방을 처음 보는 관람객은 이 방에 대해 쉽게 파악하기 어려울 수도 있습니다. 공들여 표현한 부분이나 특별히 소개하고 싶은 것, 이곳에서 어떤 활동을 하고 싶은지 등을 구체적으로 정리해보세요.

❷ 당신이 만든 방의 특징이 잘 나오도록 사진을 찍어 온라인 특별 부스에 올려주세요. 인터넷 주소창에 https://bit.ly/3k5KWPU를 입력하거나 오른쪽 QR코드를 통해서도 바로 입장할 수 있습니다.

Step 09. 온라인 전시회 참여하기

스스로 평가
자기주도학습의 완성!

나의 신호등

1	나는 관람객이 이해할 수 있도록 소개하는 글을 구체적으로 정리했다.	① ② ③ ④ ⑤
2	나는 방의 특징이 잘 나타나도록 사진을 찍어 온라인 특별 부스에 등록했다.	① ② ③ ④ ⑤

Q5 온라인 전시회 관람 / 성찰저널 작성

드디어 반 고흐 전시회와 더불어 당신의 작품이 선보이는 〈나를 보여줄게! 방방마다〉 온라인 특별 부스가 열렸습니다. 편한 마음으로 관람객이 되어 다른 친구들의 방을 살펴보세요. 각기 다른 서로의 모습처럼 각각의 방들도 저마다의 이야기를 담고 있을 겁니다. 마음에 들거나 인상 깊은 작품이 있다면 댓글과 좋아요 버튼을 통해 당신의 소감을 남겨주세요. 서로를 더 깊이 이해할 수 있는 의미 있는 전시회가 되길 바랍니다.

❶ 지금까지의 학습과정을 되돌아보고 배운 점과 느낌 점을 중심으로 자유롭게 성찰저널을 작성해보세요.

나만의 교과서

The Big Idea! 프로젝트학습을 수행하는 과정에서 배우고 느낀 점은 무엇입니까? 머릿속에 담겨진 그대로 꺼내어 마인드맵으로 표현해 봅시다. 더불어 학습과정에서 얻게 된 빅아이디어, 창의적인 생각을 정리하는 것도 잊지 마세요.

Big Idea! Creative Thinking!

스스로 평가
자기주도학습의 완성!

나의 신호등

1	나는 온라인 전시회에 참가하여 다른 친구들의 작품을 관람하였다.	① ② ③ ④ ⑤
2	나는 마음에 들거나 인상 깊은 작품에 댓글로 소감을 남겼다.	① ② ③ ④ ⑤
3	나는 이번 프로젝트에 적극적으로 참가하였다.	① ② ③ ④ ⑤
4	나는 문제해결을 위해 탐구한 내용과 수집한 정보를 바탕으로 나만의 교과서를 멋지게 완성하였다.	① ② ③ ④ ⑤

나를 보여줄게! 방방마다

SYNOPSIS

'나를 보여줄게! 방방마다'는 지극히 개인적인 공간인 '방'이라는 주제를 통해 자신의 개성과 생각을 다양한 방법으로 나타내도록 구성되어 있습니다. 활동을 통해 겉으로 표현된 방은 만든 이의 정체성이나 행복한 삶에 대한 물음의 답이기에, 자신을 파악하고 서로에 대한 이해를 넓히기 위한 교류 활동의 소재로 활용할 수 있습니다. 제시된 문제 흐름에 따라 개별 활동이 가능하며 그 결과물을 온라인 전시공간에서 공유함으로써 제한적인 온라인 학습환경에서도 전시회를 구현할 수 있습니다. 더불어 이 프로젝트 수업의 흐름을 참고하여 다른 작가나 미술 작품에 대한 이해를 바탕으로 주제를 변형하여 활용하는 것도 얼마든지 가능합니다.

이 프로젝트 수업은 특별히 학년의 경계를 두고 있지 않습니다. 미술, 도덕, 국어 교과를 중심으로 사회적인 이슈나 특정 주제를 담은 범교과 영역을 통합하여 적용해볼 수도 있습니다. 교육과정을 참고하여 현장 상황에 적합한 방식으로 실천해 보길 바랍니다.

▶ 적용대상(권장): 초등학교 1학년~중학교 3학년
▶ 학습예상소요기간(차시): 7~10일(9-13차시)
▶ 관련교과 내용요소(교육과정)

교과	영역	내용 요소			
		초등학교[1-2학년]	초등학교[3-4학년]	초등학교[5-6학년]	중학교[1-3학년]
바른/슬기로운/즐거운 생활	봄	• 좋아하는 것, 잘하는 것, 꿈 등으로 자기 소개하기 • 나를 보여 줄게 발표회(전시회)			
도덕	자신과의 관계			• 자주적인 삶이란 무엇일까?(자주, 자율)	• 나는 어떤 사람이되고자 하는가?(자아정체성) • 삶의 목적은 무엇인가?(삶의 목적) • 행복을 위해 어떻게 살아야 하는가?(행복한 삶)

교과	영역	내용 요소			
		초등학교[1-2학년]	초등학교[3-4학년]	초등학교[5-6학년]	중학교[1-3학년]
국어	듣기·말하기			• 발표[매체 활용] • 체계적 내용 구성 • 공감하며 듣기	• 발표[내용 구성] • 매체 자료의 효과
	쓰기	• 주변 소재에 대한 글 • 쓰기에 대한 흥미	• 의견을 표현하는 글 • 마음을 표현하는 글 • 독자 고려	• 설명하는 글[목적과 대상, 형식과 자료] • 독자의 존중과 배려	• 설명하는 글[대상의 특성] • 대상의 특성을 고려한 설명
미술	체험		• 자신의 감각	• 자신과 대상	• 자신과 주변 대상의 관계
	표현		• 상상과 관찰 • 표현 재료와 용구	• 소재와 주제 • 제작 발표	• 주제에 적합한 표현
	감상		• 작품과 미술가	• 작품과 배경	• 다양한 방식의 전시 기획

> **홍문쌤** 프로젝트학습과 15년째 친구로 지내고 있는 초등교사입니다. 첫 발령지에서부터 프로젝트학습과 운명적으로 만나 지금 이 순간까지 다양한 시도를 하며 지내고 있습니다. 솔직히 많은 시행착오를 거치며 때대로 '내가 하고 있는 게 맞는 건가?', '이걸 계속할 수 있을까?' 등의 고민에 흔들린 적도 있지만, 열정적으로 수업을 고민하는 분들과 함께하며 프로젝트학습에 대한 믿음과 나름의 철학을 세울 수 있었습니다. 소중한 인연으로 재미교육연구소의 시작을 함께할 수 있었고, 혼자였다면 하지 못했을 다양한 일에 도전하며 재미와 의미로 채워진 PBL수업을 만들기 위한 삶으로 채워가고 있습니다.

온라인 프로젝트 수업가이드

'나를 보여줄게! 방방마다' 프로젝트 수업을 원활히 진행하려면 학생들에게 활동지 및 재료를 미리 배부하는 것이 좋습니다. 등교수업이나 학습꾸러미를 이용해 활동에 활용할 수 있는 다양한 재료(도화지, 점토, 우드락, 무늬 색종이, OHP 필름 등)를 제공해주면 가정에서 개별 활동으로 이루어지더라도 보다 원활한 프로젝트 진행에 도움이 됩니다. 다만 활동지를 이미지 파일로 저장해 배포하는 일은 저작권법을 위반하는 것이니 유의해야 합니다. 잼공온라인 프로젝트 활동지에는 QR코드가 단계(step)마다 제공되고 있습니다. QR코드는 네이버 스마트렌즈 등 다양한 어플을 이용해 해당 온라인 자료에 손쉽게 접근할 수 있도록 해줍니다. 이 수업은 총 5개의 퀘스트로 구성되어 있습니다. 오프라인 수업 진행이 불가능한 상태에서는 학습자의 학년이나 개별 수준 차이를 고려해야 하며, 2주 정도의 시간을 갖고 천천히 진행하는 것이 좋습니다.

> **시작하기**
>
> **중심활동 | 커버스토리 파악하기, 학습 흐름 이해하기**
> - [사전활동1] 빈센트 반 고흐의 작품 중 마음에 드는 작품을 하나 선택해 컴퓨터 바탕화면이나 스마트폰 배경화면으로 설정하기(선택)
> - [사전활동2] 빈센트 반 고흐와 그의 작품 세계에 대한 조사 활동 후 퀴즈 대회(선택)
> - 도입 영상을 통해 프로젝트학습 주제 확인하기
> - 커버스토리를 확인하고 주어진 문제 상황 파악하기
> - '아를의 침실' 작품 해설편을 시청하고, 작품 속 소재와 표현에 담긴 작가의 의도 인식하기
> - 활동순서를 짚어보며, 전체적인 학습 흐름과 각 퀘스트별 활동 파악하기

[선택] 온라인 사전활동으로 빈센트 반 고흐와 그의 작품 세계에 대해 살펴보고, 마음에 드는 작품을 하나 선택해 컴퓨터 바탕화면이나 스마트폰 배경화면으로 설정한 인증샷을 올리도록 하는 것은 어떨까요? 이 활동이 앞으로 수행할 프로젝트 과정의 힌트가 숨겨져 있다고 안내하면 활동에 대한 관심과 더불어 미술 작품에 대한 관찰력을 생활 속에서 키울 수 있습니다. 빈센트 반 고흐에 대한 사전 조사 활동 후 쌍방향 수업에 간단한 골든벨 퀴즈 대회를 적용해 보는 것도 좋습니다.

[STEP1] 도입 영상 시청하기

프로젝트에 대한 관심을 유발하는데 영상은 매우 효과적입니다. 짧은 인트로 영상을 보고, 학습의 출발점에 해당하는 커버스토리를 자세히 살펴보도록 안내해주세요.

[STEP2] 커버스토리 확인하기

'아를의 침실'을 대표작품으로 한 이번 전시회에는 지극히 개인적인 공간인 방을 통해 서로 소통하기 위한 온라인 특별 부스가 마련되며, 학생들이 이 행사에 참가해 함께 전시회를 만들어간다는 문제 상황을 제대로 이해하도록 하는 것이 중요합니다. 커버

스토리에 담긴 핵심내용을 파악할 수 있도록 안내해주세요. 온라인 특별 부스를 개별 학급이나 학년 단위로 만들어 운영할 수도 있으나, 보다 다양한 참가자를 만나고 모르는 누군가와도 소통할 수 있다는 실제적인 느낌을 살리기 위해 프로젝트에 제시된 온라인 전시공간을 활용하는 것을 권장합니다.

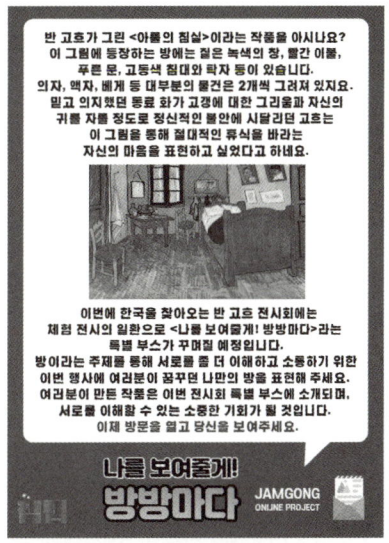

STEP3 관련 영상 시청하기

'아를의 침실'이라는 작품에 표현된 작가의 의도를 파악할 수 있는 영상 자료입니다. 이외에도 검색을 통해 손쉽게 다양한 영상 자료를 찾을 수 있으니 학년 수준을 고려하여 추가적인 자료를 활용하는 것도 좋습니다.

STEP4 전체 활동과정 짚어보기

활동순서 카드를 활용해 전체적인 학습 흐름과 각 퀘스트별 중심활동을 짚어보는 시간을 갖습니다. 프로젝트에 참가하는 학생의 수행능력을 고려하여 퀘스트별 진행 일정을 설정하고 이를 학생에게 안내함으로써 전체적인 시간 사용 계획을 세울 수 있도록 합니다.

전개하기

중심활동 | 자기 탐구를 통해 나만을 위한 방을 계획한 후 이를 구체물로 표현하고 소개하기

- [퀘스트1] 상상 속 나의 방을 떠올리고, 그 방을 표현할 수 있는 이름 짓기
- [퀘스트2] 7가지 질문을 생각하면서 방 꾸밀 것 선택하기
- [퀘스트3] 다양한 재료와 방법을 활용해 나만의 방 표현하기
- [퀘스트4] 자신이 만든 방에 대한 소개 글과 사진을 온라인 전시공간에 올리기

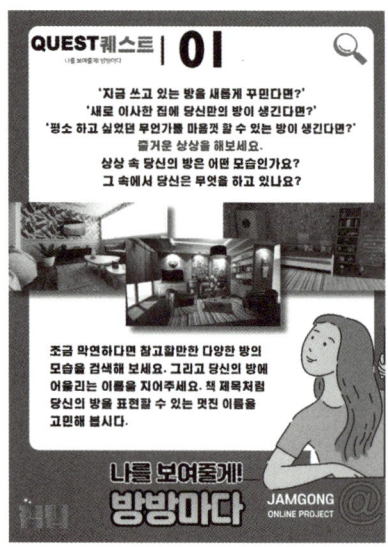

[STEP5] 퀘스트1 과제 확인하기

많은 경우 방 배정이나 내부 구성에 있어 수동적인 위치에 있거나 경제적인 여건을 고려해야 하기에 퀘스트1의 문제 상황은 대부분의 학생에게 막연하게 느껴질 수 있습니다. SNS나 줌(zoom) 등의 매체를 활용할 수 있다면 호기심이 왕성하고 적극적인 학생들의 의견 발표를 통해 상상력의 범위를 확장하는 것이 도움이 될 수 있습니다. 충분히 생각할 수 있는 시간을 주고, 가족과 함께 이야기를 나누어 보도록 하는 것도 추천합니다.

[STEP6] 퀘스트2 과제 확인하기

어느 정도 학생들의 상상력이 무르익으면 방은 온갖 것들로 가득할 겁니다. 이제 선택의 질문을 통해 조금씩 덜어내며 자신이 무엇을 원하는지에 대해 좀 더 초점을 맞출 수 있도록 퀘스트2의 활동지를 안내하고 각각의 질문에 대해 구체적으로 생각해보도록 해주세요. 떠오르는 이미지가 있다면 그때그때 나만의 교과서에 그림으로 표현하도록 안내합니다. 이들 그림은 독창적인 아이디어를 담은 설계도 역할을 할 겁니다.

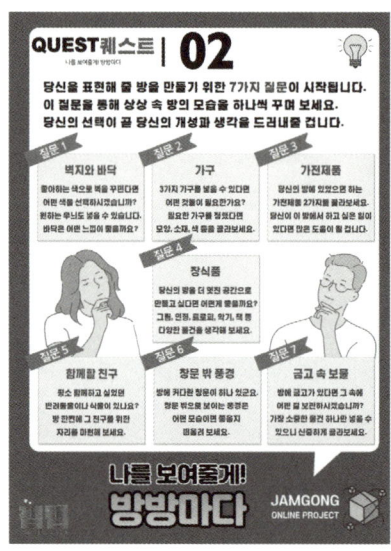

STEP7 퀘스트3 과제 확인하기

학급에서 단체로 활동할 경우 종이의 크기는 통일되게 안내하는 것이 좋습니다. 학생 수준에 따라 하드보드지나 우드락 등의 재료를 활용할 수 있으면 더 단단한 입체구조를 만들 수 있습니다. 등교수업이나 학습꾸러미를 이용해 활동에 활용할 수 있는 다양한 재료(도화지, 점토, 우드락, 무늬 색종이, OHP 필름 등)를 사전에 제공하면 가정에서 개별 활동으로 이루어지더라도 보다 원활한 프로젝트 진행에 도움이 됩니다. 블록, 클레이, 픽셀아트 등을 활용한 예를 안내하면 학생들이 다양한 표현 방법에 대해 고민하게 됩니다.

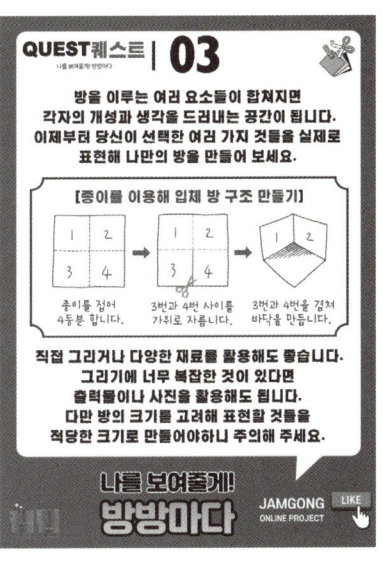

(블록) 출처-하비인더박스

(클레이) 출처-https://bit.ly/2GJKEi7

(픽셀아트) 출처-https://bit.ly/35uTlli

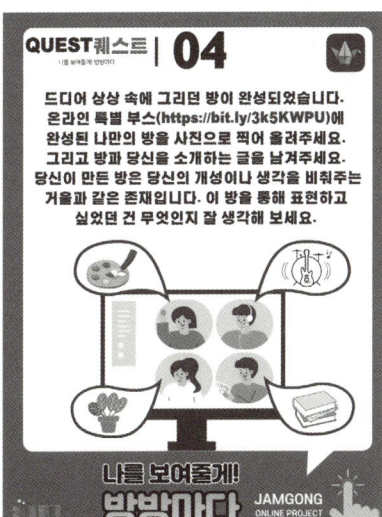

STEP8 퀘스트4 과제 확인하기

퀘스트4 활동지를 통해 완성된 방과 자신에 대한 소개 글을 정리하도록 합니다. 공들여 표현한 부분이나 특별히 소개하고 싶은 것, 이곳에서 어떤 활동을 하고 싶은지 등을 구체적으로 정리하도록 안내해주세요.

STEP9 온라인 전시회 참여하기

온라인 특별 부스는 개별 학급이나 학년 단위로 만들어 운영할 수도 있으나, 실제적인 느낌을 살리기 위해 프로젝트에 제시된 온라인 전시공간을 활용하는 것을 권장합니다.

> **마무리하기**
>
> **중심활동 | 온라인 전시회 관람, 학습과정에 대하 성찰저널 작성**
> ◆ 온라인 전시회를 관람하고 다른 참가자들의 작품에 댓글 달기
> ◆ 관람 소감과 학습과정에 대한 성찰저널 작성하기

STEP10 온라인 전시회 관람 / 성찰저널 작성

프로젝트에 제시된 온라인 전시공간은 관람객이 댓글과 좋아요 버튼을 통해 의견을 남길 수 있도록 설정되었습니다. 학생들이 온라인 전시회를 통해 다른 학교, 다른 지역 참가자들의 작품에 의견을 남길 수 있는 만큼 관람 시 전시회의 의도를 상기시키며 온라인 언어예절에 대해서도 안내가 필요합니다.

성찰저널은 학습과정을 전반적으로 되돌아보고, 배운 점과 느낀 점을 중심으로 일기처럼 편하게 작성하도록 안내합니다. 성찰저널 작성에 익숙하지 않다면 질문을 사전에 제시해 답을 하는 방법으로 작성하거나, 나만의 교과서 양식을 활용해 마인드맵 형식으로 표현하는 것도 좋습니다.

종이 활동지에 디지털 심폐소생술을!
LIVEWORKSHEETS

코로나19로 인해 불과 몇 개월 만에 수많은 온라인 도구들이 재조명을 받거나 새롭게 선보이고 있습니다. 새로운 도구를 익히는 것도 좋지만, 이제껏 잘 활용해 오던 나의 활동지들과 종이 문서는 원격수업 상황 속에서 갈 곳을 잃고 깊은 잠을 자게 되어 안타까울 따름입니다. 이럴 때 유용하게 쓸 수 있는 온라인 도구가 있다는 거 알고 계셨나요? 라이브워크시트는 몇 가지 명령어만 배우면 내가 가지고 있던 활동지나 문서 파일을 손쉽게 온라인 버전으로 탈바꿈시킬 수 있습니다.

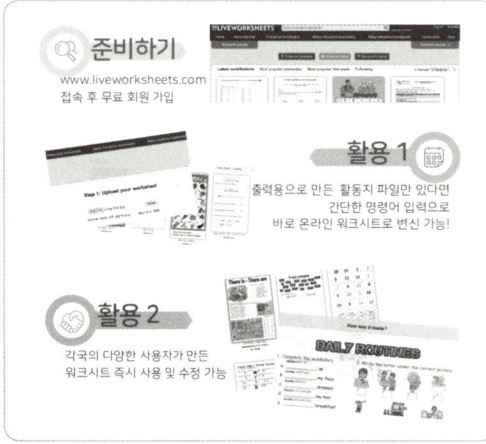

웹사이트가 영어로 되어 있지만, 가입 및 사용법이 매우 간편하여 금방 익숙해지게 됩니다. 내가 가지고 있는 활동지 파일을 업로드한 후 간단한 명령어 입력으로 온라인 워크시트(활동지)로 변신시킬 수 있습니다. 또한, 세계 각국의 다양한 사용자가 제작한 자료를 서로 공유하고 수정하여 활용할 수 있고, 우리나라의 사용자도 늘고 있어 점점 활용할 수 있는 자료가 많아지고 있어요.

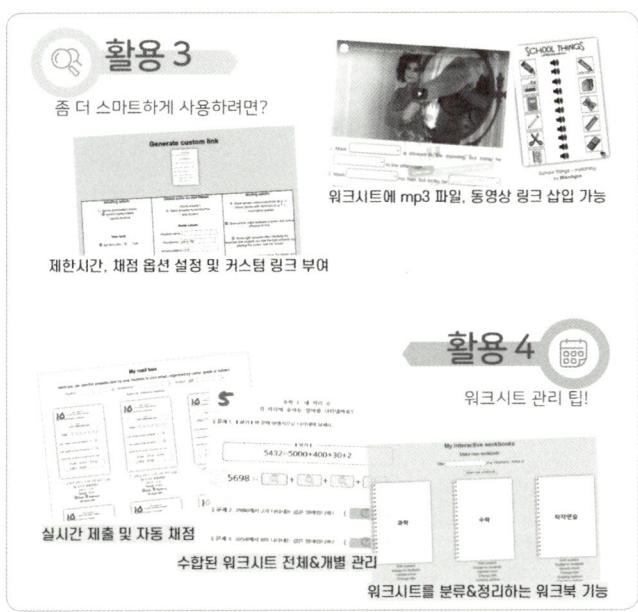

워크시트 작성 화면에서 원하는 곳에 글상자를 만든 후 명령어를 입력하면, 선다형, 단답형, 선다형, 선 잇기, 배열하기, 분류하기, 체크박스, 낱말 찾기 퍼즐, 논술형 등의 다양한 문제를 만들 수 있습니다. 여기에 더해서 유튜브 동영상, 웹사이트 링크, mp3 파일, PPT 파일도 삽입할 수 있어 기존 종이 활동지 보다 활용도가 훨씬 높아집니다.

활동지 관리나 채점 방법도 편리합니다. 학생들이 라이브워크시트에 기재한 답안은 자동채점되어 교사가 확인 및 관리할 수 있어요. 교사가 개별 학생마다 포트폴리오를 생성할 수 있고, 제출된 워크시트를 과목별, 주제별, 학생별로 모아볼 수도 있답니다. 백문이 불여일견, 백견이 불여일행! 라이브워크시트를 가볍게 시작해 보며 온오프라인 학습이라는 두 마리 토끼를 잡으세요.

CHAPTER
07 엑시트Exit, 생존의 법칙

커버스토리 Cover Story

"긴급 상황이 발생하였습니다. 주민 여러분들께서는 안전한 곳으로 신속하게 대피하여 주시기 바랍니다"

갑작스러운 안내방송에 한가로이 저녁 식사 중이던 가족들은 깜짝 놀라 밖을 내다보았습니다. 요란하게 울려대는 자동차 경적 소리, 두려움에 가득 찬 사람들의 고함 소리와 울음소리. 뭔가 엄청난 사건이 발생한 것이 틀림없습니다. 밖으로 급하게 뛰어 나와보니 엘리베이터는 이미 가동을 멈춘 상태였고 집에서 뛰쳐나온 사람들과 계단을 뛰어 내려가는 사람들이 뒤엉켜 그야말로 비상계단은 아수라장이 되었습니다. 갑작스러운 소동에 모두 정신이 없었던 것이죠.

한시라도 빨리 안전한 곳으로 대피해야 하는 상황.

시간이 없습니다. 서두르세요. 이곳을 신속히 탈출하도록 합시다!

::: 온라인 프로젝트 QR CODE :::

Step 01. 도입영상 시청하기

Step 02. 커버스토리 확인하기

활동순서 Activity Flow

❶ 온라인 프로젝트 과제 이해하기
커버 스토리 파악하기 | 활동순서 살펴보기

❷ [퀘스트1] 대피 계획 세우기
재난 상황 파악하기 | 대피 계획 세우기

❸ [퀘스트2] 72시간! 생존 타임을 대비하라
생존배낭 꾸리기 | 체온 조절 방법 찾기

❹ [퀘스트3] 구해주세요! SOS!
구조신호 이해하기 | 구조신호 또는 생존신호 만들기

❺ [퀘스트4] 재난 안전영상 제작하기
재난안전영상 제작하기 | 커뮤니티에서 영상 공유하기

Step 03. 전체 활동과정 짚어보기

Q1 대피 계획 세우기

갑자기 발생한 재난 상황. 재난은 언제 어디서나 예고 없이 찾아옵니다. 그래서 재난에 대비한 계획은 어떠한 상황이 발생하기 전에 미리 세워 두는 것이 중요합니다. 가족들과 함께 주변에서 일어날 수 있는 다양한 재난 상황을 예상해 보고 기억하거나 알아두어야 할 것, 지켜야 할 것 등을 정리해 보세요.

::: 온라인 프로젝트 QR CODE :::
Step 04. 퀘스트1 과제확인하기

*재난 : 국가와 같은 사회조직과 사회 구성원들의 생명과 신체 그리고 재산에 피해를 주거나 줄 수 있는 것. 출처: 네이버 지식백과]

❶ 내 주변에서 발생할 수 있는 재난 상황은 어떤 것이 있을지 생각해 보세요.

재난의 종류	발생할 수 있는 피해
1	
2	
3	

Action Tips 재난은 자연적으로 발생하는 자연 재난과 사회 구조적인 문제로 발생하는 사회 재난이 있습니다. 주변에서 발생할 수 있는 재난 상황을 예상해 보고 그로 인해 발생할 수 있는 피해 상황을 조사해 봅시다.

❷ 재난이 발생 할 경우 몸을 보호할 수 있는 우리 집 대피로를 그림으로 그려보세요.

비상구와 대체 탈출구 위치 표시하기

Action Tips 탈출 경로는 누구나 찾기 쉽고 이용이 가능한 곳이어야 합니다. 혼자 찾는 것보다 가족 구성원들과 함께 우리 집 이곳저곳을 확인해 보세요. 혹시 사용하기 어렵게 탈출구를 막아 놓은 곳은 없는지 혹은 탈출을 위해 필요한 도구들이 있는지 꼼꼼하게 확인해 보세요.

❸ 예상하지 못했던 시간과 장소에서 재난이 발생했을 경우를 대비하여 우리 가족의 대피 계획을 세워 보세요.

우리가족 재난대피계획서

1 개인 의료정보

이름		주민번호	
성별		개인 병명	
혈액형		알러지 (음식, 약)	

2 가족 기본 정보(가족 이름, 연락처, 메일 주소, 직장 또는 학교 명 등)

3 긴급 비상 연락망(관공서 및 가족 이외 연락이 가능한 이웃)

4 가족들과 연락이 안될 경우 만날 장소

* 개인정보가 있으므로 다른 사람들과 공유하지 않습니다 *

Action Tips 가족과 떨어져 있을 때 재난 상황이 발생할 것을 대비하여 가족들과 함께 재난대피계획서를 작성해 보세요. 가족들이 모이는 곳은 건물 안과 밖의 장소를 모두 지정하는 것이 좋습니다. 위급 상황이 발생할 경우를 대비하여 자신의 건강과 관련된 정보는 정확하게 기록해 두세요. 다만 재난대피계획서에는 개인 정보가 포함되어 있을 수 있으므로 친구들과 공유하지 않도록 합니다.

나만의 교과서

나의 지혜나무

배운 내용의 중심용어(단어)들로 지혜나무를 완성해 주세요. 관련성이 높은 용어들을 한 가지에 묶어 주는 것이 중요합니다. 탐스런 지식열매가 가득 차도록 자유롭게 꾸며주세요.

스스로 평가 — 자기주도학습의 완성!

나의 신 호 등

1	나는 내 주변에서 발생할 수 있는 재난의 종류를 예상해 보고 그로 인해 발생할 수 있는 피해 상황을 조사하여 정리하였다.	① ② ③ ④ ⑤
2	나는 재난이 발생했을 때 우리 집 탈출 경로를 가족들과 확인하여 대피로를 그림으로 정확하게 표현하였다.	① ② ③ ④ ⑤
3	나는 가족들과 함께 우리 가족 재난대피 계획서를 성실하게 작성하였다.	① ② ③ ④ ⑤
4	나는 문제해결을 위해 탐구한 내용과 수집한 정보를 바탕으로 나만의 교과서를 멋지게 완성하였다.	① ② ③ ④ ⑤

Q2 72시간! 생존타임을 대비하라

재난 상황이 발생했을 때 대피로 가까운 곳에 생존가방을 미리 준비해 둔다면 위급한 상황에 훨씬 큰 도움이 될 수 있을 것입니다. 생존 가방 안에 어떤 물품들을 채워 넣으면 좋을지 고민해 보세요. 가방이 무거우면 대피할 때 어려울 수 있으니 가방에는 꼭 필요한 최소한의 것들로 채워 주세요. 가방이 다 꾸려지면 가방 속 물품들을 생존을 위해 활용해 보고 보완할 것이 있는지 확인해 보세요.

::: 온라인 프로젝트 QR CODE :::
Step 05. 퀘스트2 과제확인하기

❶ 생존 가방에 꼭 필요한 물품들을 카테고리 별로 정리해 보도록 합니다.

비상식량	보온용품	비상장비	기타

Action Tips 생존을 위해 최소 3일(골든타임 72시간)을 대비할 수 있도록 카테고리별로 생존 가방 안에 들어갈 품목을 정리해 보세요. 가족에 따라 필요한 물품(예: 반려동물을 위한 물품, 개인 약품 등)들도 함께 고민해 보세요.

❷ 재난 상황에서 체온유지는 매우 중요합니다. 특히 3~4시간 이상 저체온증이 지속되면 생명에 위협을 줄 수도 있습니다. 생존 가방 속 물품들을 활용하여 체온을 유지할 수 있는 방법을 고민해 보세요.

	활용 물품 및 방법	그림으로 표현하기
물품		
방법		

Action Tips 생존가방 안에서 활용할 것이 있는지 살펴보세요. 몸을 따뜻하게 보온해주는 것과 함께 외부의 찬 공기나 바닥의 냉기를 막아줄 방법도 고민해 보도록 합니다.

나만의 교과서

지식 보물상자

공부한 내용 중에 오랫동안 기억 속에 담아 두고 싶은 지식은 무엇입니까? 여러분들이 엄선한 지식 열매를 보물상자에 담아주세요.

스스로 평가
자기주도학습의 완성!

나의 ⓢ ⓗ ⓔ

1	나는 생존가방에 꼭 필요한 물품들을 카테고리별로 꼼꼼히 점검하여 정리해 보았다.	① ② ③ ④ ⑤
2	나는 재난 상황에 필요한 기본 물품 이외에 나와 가족의 상황을 고려한 물품을 넣어 생존 가방을 꾸렸다.	① ② ③ ④ ⑤
3	나는 생존 가방 속 물품을 활용하여 체온을 유지하기 위한 아이디어를 제시하였다.	① ② ③ ④ ⑤
4	나는 문제해결을 위해 탐구한 내용과 수집한 정보를 바탕으로 나만의 교과서를 멋지게 완성하였다.	① ② ③ ④ ⑤

Q3 구해주세요 SOS!

아래 Step 07의 QR코드를 먼저 확인하세요. 영화 '엑시트'에는 건물 꼭대기로 대피한 사람들이 외부에 구조신호를 보내는 장면이 나옵니다. 실제 구조 현장에서 사용하는 모르스 코드[morse code]로 SOS를 표현한 것이지요. 모르스 코드는 국제적으로 통용되는 무선통신 신호이므로 언제 어디서나 위급상황에서 활용할 수 있습니다. 그렇다면 모르스 신호에 대해 좀 더 한번 알아볼까요?

::: 온라인 프로젝트 QR CODE :::

Step 06. 퀘스트3 과제확인하기

❶ 영화 속 구조신호를 감상해 보고 모르스 신호에 대해 알아봅시다.

모르스 신호란?

Step 07. 영화 '엑시트' 구조신호

한글 모르스 코드			
ㄱ		ㅏ	
ㄴ		ㅑ	
ㄷ		ㅓ	
ㄹ		ㅕ	
ㅁ		ㅗ	
ㅂ		ㅛ	
ㅅ		ㅜ	
ㅇ		ㅠ	
ㅈ		ㅡ	
ㅊ		ㅣ	
ㅋ		ㅔ	
ㅌ		ㅐ	
ㅍ			
ㅎ			

국제 모르스 코드			
A		N	
B		O	
C		P	
D		Q	
E		R	
F		S	
G		T	
H		U	
I		V	
J		W	
K		X	
L		Y	
M		Z	

Action Tips 모르스 부호는 짧은 발신 전류(·)와 긴 발신 전류(−)를 적절히 조합하여 표기한 것으로 국제적으로 형태가 비슷합니다. 짧은 전류와 긴 전류가 구분이 될 수 있도록 정확히 표시할 수 있도록 해주세요.

❷ 모르스 코드를 이용해 나만의 구조 신호를 만들어 보세요.

긴급 구조 신호 SOS	S		O		S
내가 만든 구조신호	구조신호				
	모르스 코드				

Action Tips SOS를 의미하는 모르스 코드를 먼저 빈칸에 그려 보도록 합니다. 그리고 나만의 구조 요청 신호를 모르스 코드를 이용하여 표현해 보세요. 구조신호는 위급 상황을 빠르게 전달할 수 있어야 합니다. 많은 내용을 담으려고 하기 보다는 간단하고 이해하기 쉬운 구조신호를 고민해 보세요.

❸ 친구들과 함께 주제를 정한 뒤 모르스 코드를 이용하여 문제를 만들어 보고 게임으로 즐겨 보세요.

주제 : 예) 주제 : 친구이름, 동물, 음식 등	예시문제: ‒ ‒ ‒ · ‒ · ‒ · · ‒ · · ‒	답: 토끼
	1)	
	2)	
	3)	
	4)	
	5)	

Action Tips 주제를 정하여 문제지와 답지를 먼저 만들어 보세요. 모르스 코드를 그림으로 표시하여 정확하게 표시하여 제시하거나 도구를 이용하여 소리를 녹음한 뒤 제시할 수도 있습니다. 온라인 또는 오프라인 수업 모두 활용해 볼 수 있으며 온라인 활동으로 진행할 경우 퀴즈앤, 카훗 등의 플랫폼을 활용해 볼 수 있습니다. 내가 출제한 문제를 다른 친구들과 함께 맞춰보며 실시간 온라인 게임으로 즐겨 볼 수 있습니다.

나만의 교과서

 활동과정을 다시 떠올려보세요. 배우고 느낀 점들을 그냥 낙서하듯 자유롭게 표현하면 됩니다.

스스로 평가
자기주도학습의 완성!

나의 신호등

1	나는 모르스 신호에 대하여 자료를 찾아 조사하고 정리하였다.	① ② ③ ④ ⑤
2	나는 한글 모르스 코드와 국제 모르스 코드를 구분하여 표에 나타내었다.	① ② ③ ④ ⑤
3	나는 모르스 코드를 사용하여 나만의 다양한 메시지를 표현할 수 있다.	① ② ③ ④ ⑤
4	나는 문제해결을 위해 탐구한 내용과 수집한 정보를 바탕으로 나만의 교과서를 멋지게 완성하였다.	① ② ③ ④ ⑤

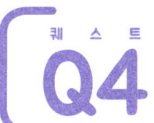 **재난 안전 영상 제작하기**

지금까지의 활동들을 수행하면서 여러분들은 어떤 위기 상황에서도 안전하게 벗어날 수 있는 재난생존전문가가 되었습니다. 여러분들의 생존노하우를 다른 사람들에게 나눠주세요. 이를 위해 누구나 이해하기 쉽고 따라할 수 있는 재난안전 영상제작과 공유는 필수! 대한민국 모든 국민들의 안전한 생활을 위해 재난안전 영상을 만들어주세요. 마지막까지 최선을 다한 여러분이 챔피언입니다.

::: 온라인 프로젝트 QR CODE :::
Step 08. 퀘스트4 과제확인하기

❶ [재난 안전 영상 제작] 위기상황에 슬기롭게 대처할 수 있는 재난 안전영상을 제작하세요.

#1	#2	#3
#4	#5	#6

음악

Action Tips 앞의 퀘스트에서 활동한 과정들이 영상에 드러날 수 있게 스토리보드를 먼저 작성하도록 합니다. 영상을 위해 필요한 장면에 어울리는 자막을 같이 고민해 보세요. 영상 제작은 스마트폰에서도 쉽게 제작할 수 있는 영상편집앱(키네마스터, 블로, 뱁믹스 등)을 활용해 보세요. 이미지나 음악을 선정하여 삽입 시 저작권에 위배되지 않는지 확인하도록 합니다.

❷ 여러분들이 제작한 재난안전영상을 온라인 커뮤니티에 올려 친구들과 공유해 주세요. 친구들의 영상을 감상하고 새롭게 알게 된 점을 정리하고 친구들의 영상에서 잘된 점을 칭찬하도록 합니다.

영상을 제작한 친구	새롭게 알게 된 점 또는 영상에서 잘 된 점

Action Tips 온라인 커뮤니티에 친구들이 올린 재난안전영상을 감상하고 댓글을 남겨주세요. 친구들의 영상에 나의 생각과 다른 점에 대해 의견을 남기거나 내가 생각하지 못했던 좋은 아이디어들을 칭찬해 주도록 합니다. 이때 다른 친구들의 영상에 악플을 남기지 않도록 주의해 주세요.

나만의 교과서

The Big Idea! 프로젝트학습을 수행하는 과정에서 배우고 느낀 점은 무엇입니까? 머릿속에 담겨진 그대로 꺼내어 마인드맵으로 표현해 봅시다. 더불어 학습과정에서 얻게 된 빅아이디어, 창의적인 생각을 정리하는 것도 잊지 마세요.

Big Idea!
Creative Thinking!

스스로 평가
자기주도학습의 완성!

나의 신 호 등

1	나는 재난안전영상을 제작하기 위한 스토리보드를 잘 정리하였다.	❶ ❷ ❸ ❹ ❺
2	나는 영상에 어울리는 음악을 잘 선정하였다.	❶ ❷ ❸ ❹ ❺
3	나는 온라인 도구들을 활용하여 영상을 제작하였다.	❶ ❷ ❸ ❹ ❺
4	나는 친구들의 재난안전영상을 감상하고 성실하게 댓글을 달았다.	❶ ❷ ❸ ❹ ❺
5	나는 문제해결을 위해 탐구한 내용과 수집한 정보를 바탕으로 나만의 교과서를 멋지게 완성하였다.	❶ ❷ ❸ ❹ ❺

엑시트Exit, 생존의 법칙

SYNOPSIS

　2016년 9월 경상북도 경주에서 발생했던 한반도 최대 규모인 5.8의 지진은 그동안 한반도를 지진 안전지대라고 생각해 왔던 국민들의 생각을 완전히 바꾸어 놓았습니다. 2003년 대구 지하철 화재 참사, 많은 학생들의 생명을 앗아간 2014년 세월호 참사.. 예측하기 어려운 재난 상황은 언제 어디서나 그리고 누구에게나 발생할 수 있습니다. 어떠한 응급 상황에서도 바로 대처할 수 있는 재난 안전 교육이 체계적으로 이루어져야 대형 인명사고를 예방할 수 있지 않을까요?

　영화 '엑시트'에서 아이디어를 얻어 개발한 이번 PBL프로그램은 주변에서 일어날 수 있는 재난 상황을 예측해 보고 이에 대처해 가는 과정을 경험해 볼 수 있도록 구성했습니다. 학년 구분 없이 적용해 볼 수 있으며 창의적 체험활동의 재난 안전 교육을 비롯하여 사회, 실과, 체육, 미술 등의 관련 교과 그리고 중학교의 자유학년과 연계하여 진행해 볼 수 있습니다. 학교에서 교과 시간을 이용하거나 온라인 학습 등을 통해 다양한 환경에서 적용이 가능합니다. 아래 관련 교과 교육과정을 참고하여 현장에서 적절히 활용하시기 바랍니다.

▶ 적용대상(권장): 초등학교 전학년 – 고등학교 1학년
▶ 자유학년활동: 주제선택
▶ 학습예상소요기간(차시): 12-18일(9-13차시)
▶ 관련교과 내용요소(교육과정)

교과	영역	내용요소			
		초등학교[3-4학년]	초등학교[5-6학년]	중학교[1-3학년]	고등학교[1학년]
사회	자연환경과 인간생활		• 생활안전수칙	• 자연재해와 인간생활	• 자연-인간관계
	지속가능한 환경		• 지구촌 환경문제 • 개발과 보존의 조화	• 지구환경문제 • 지역 환경문제	• 지구환경의 다양성
체육	안전	• 위험인지 • 조심성	• 응급처치 • 야외활동 안전 • 상황판단력	• 사고 예방과 구급·구조 • 공동체 의식	• 신체활동과 안전사고 • 심폐소생술 • 안전의식

실과/기술가정	기술시스템		• 소프트웨어의 이해 • 절차전 문제 해결	• 미디어와 이동통신 • 통신 기술 시스템	• 첨단 통신기술
	가정 생활과 안전		• 생활 안전사고의 예방	• 주거 환경과 안전	

> **혜은쌤** 재미교육연구소 시작부터 함께 해온 7년차 연구원입니다. 현장에서 아이들과 교실 속 프로젝트 학습을 실천하기 위해 꾸준히 노력하는 17년차 초등교사이기도 해요. 재미교육연구소에서 여러 분야의 선생님들과 함께 배우고 실천하며, 처음 만든 PBL 문제(미래한복패션쇼)로 제자들과 함께 진행했던 첫 PBL수업의 전율을 잊을 수가 없습니다. 생기 있는 눈빛과 누가 시키지 않아도 스스로 문제를 해결하기 위해 고민하며 집에 가는 시간도 잊은 채 활동에 몰입하여 즐기는 아이들의 모습을 보며 프로젝트학습의 매력에 빠지게 되었죠. 새로운 시도를 두려워하던 선생님을 움직인 '교실 속 즐거운 변화를 꿈꾸는' 프로젝트학습. 함께 하실래요?

온라인 프로젝트 수업가이드

'생존의 법칙' 프로젝트 수업은 온·오프라인 학습환경 모두에서 적용 가능하도록 구성하였습니다. 재난 탈출 체험 프로그램인 만큼 시간 장소 등에 구애받지 않고 다양한 환경에서 진행해 볼 수 있습니다. 온라인 수업으로 진행하기 위해서는 학급 내에서 원활한 소통이 이루어질 수 있는 플랫폼이 제공되어야 합니다. 원활한 수업의 전개를 위해 등교한 학생들에게 미리 활동지를 배부하여 진행할 수 있으며 온라인 수업에서는 학급 커뮤니티를 통해 진행하는 순서에 맞추어 해당 과제를 제시해 줄 수 있습니다. 잼공 온라인 프로젝트 활동지에는 QR코드가 단계(Step)마다 제공되고 있으며, 참여하는 학생들은 QR코드를 통해 해당 온라인 학습자료에 쉽게 접근할 수 있습니다.

이 수업은 총 4개의 퀘스트로 구성되어 있으며, 모든 퀘스트가 끝난 뒤에는 성찰저널을 작성하면서 마무리됩니다. 학습자의 개별 수행 과제에 대한 이해 및 학습 부담을 고려하여 여유 있게 진행해주세요. 다양한 교과목과 연계되어 있으므로 과목별로 해당하는 시수를 확보하여 운영한다면 보다 수월하게 교육 과정을 운영할 수 있을 것입니다.

> **시작하기**
>
> **중심활동 | 커버스토리 파악하기, 학습흐름 이해하기**
> - [사전활동] 재난 관련 뉴스 시청하고 재난에 대한 서로의 생각 나누기
> - 도입 영상을 통해 프로젝트학습 주제 확인하기
> - 커버 스토리를 확인하고 주어진 문제 상황 파악하기
> - 활동순서를 짚어보며, 전체적인 학습 흐름과 각 퀘스트별 활동 파악하기

STEP1 사전활동

실제 한반도에 발생했던 재난 관련 뉴스를 시청하고 재난의 원인과 함께 발생한 피해 상황에 대하여 함께 알아보도록 합니다. 직간접적으로 경험했던 재난 사례가 있다면 온라인상에서 공유해보고 자신의 생각을 댓글로 나눠보도록 합니다.

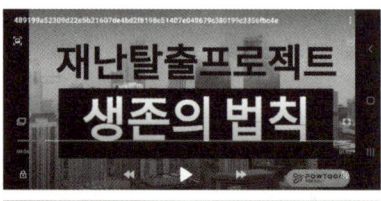

STEP2 도입 영상 시청하기

수업과 관련한 짧은 인트로 영상으로 앞으로 진행될 프로젝트 활동 대한 학생들의 관심을 유발하도록 합니다. 영상과 함께 학생들에게 학습에 대한 동기부여가 이루어 졌다면 이어서 커버스토리를 확인하며 프로젝트 수업을 시작하도록 합니다.

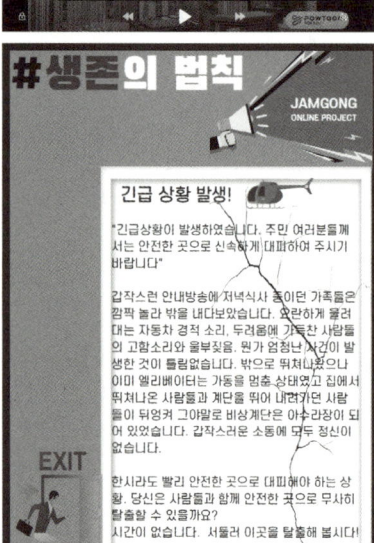

STEP3 커버스토리 확인하기

예고 없이 찾아온 재난 상황을 커버스토리를 통해 인지하고 프로젝트의 문제 출발점을 파악할 수 있도록 안내해 주세요. 학습자는 혼란에 빠진 사람들과 함께 있다는 가정 하에 앞으로 만나게 될 다양한 문제 상황을 예측해 보도록 합니다.

활동의 특성상 학습자가 이야기 속에 빠져들도록 하는 것이 무엇보다 중요합니다. 어느 정도의 긴장감을 조장하며 커버스토리를 제시해 주세요.

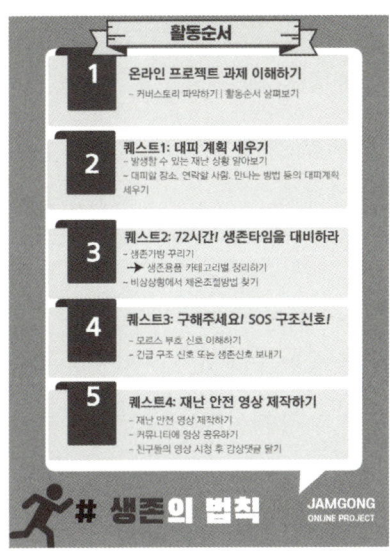

STEP4 전체 활동과정 짚어보기

활동 카드를 통해 전체적인 학습 흐름을 먼저 살펴보고 각 퀘스트별 중심활동이 무엇인지 파악해 보도록 합니다. 소요 예상시간과 함께 과제가 언제 어떤 방식으로 제시되는지 미리 안내하여 흐름을 놓치지 않도록 하며 중간 중간 확인하는 과정이 필요합니다.

전개하기

중심활동 | 생존배낭 꾸리기, 체온 유지 방법 찾기, SOS 구조 신호 이해하기
- [퀘스트1] 재난 상황 파악하고 대피계획 세우기
- [퀘스트2] 생존가방 꾸리고 체온 유지 방법 찾기
- [퀘스트3] 구조신호 이해하고 생존신호 보내기

STEP5 퀘스트1 과제확인하기

퀘스트 1은 내 주변에서 발생할 수 있는 다양한 재난 상황을 예측해 보고 재난이 발생했을 때 안전한 대피를 위한 계획을 세워보는 활동입니다. 활동에 참여하는 아동의 수준 또는 학교에서 진행하고자 하는 학습 방향에 따라 지진, 화재, 태풍 등 발생하는 재난 상황을 미리 제시해 주고 시작해 볼 수 있습니다. 만약 재난 상황을 학생 스스로 선정하여 활동의 폭을 넓혀 본다면 좀 더 열린 활동으로 진행해 볼 수 있을 것입니다. 재난 상황에 대한 깊은 지식이 요구되는 경우 사회, 과학 교과의 관련 단원과 연계해 진행해 볼 수 있습니다.

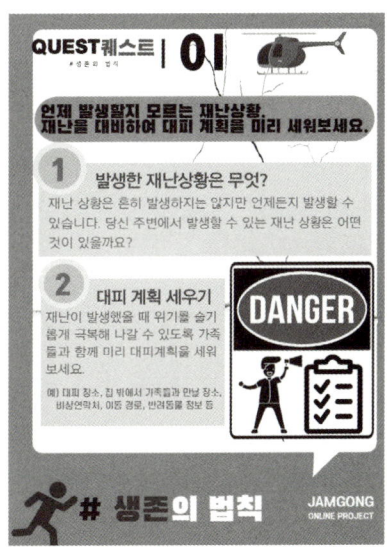

2부. 실전! 잼공 온라인 프로젝트

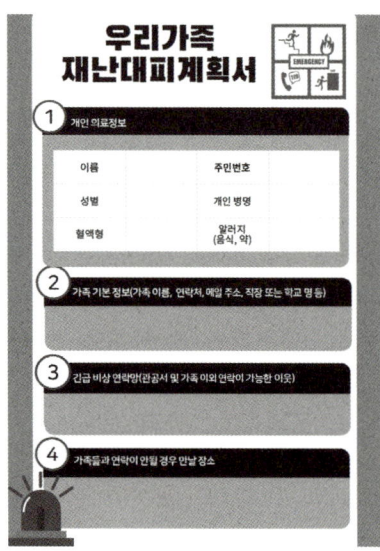

재난 상황에 대한 파악이 끝나면 가족들과 함께 우리 집 재난 대피 계획을 세워보는 활동으로 이어집니다. 재난에 대한 실제 경험이 없는 경우 대피 계획에 대해 전혀 생각해 보지 않은 경우가 많습니다. 이번 활동을 통해 '우리 집'의 비상 대피로 위치를 파악하고 탈출을 가로막는 장애물을 제거할 수 있도록 안내해 주세요. 더불어 '우리가족 재난 대피 계획서'는 위급 상황에서 꼭 필요한 정보들을 담고 있으므로 가급적 가족 구성원 모두가 참여해 완성해 주세요. 개인 정보가 포함되어 있으므로 학급 친구들과 공유하진 않습니다.

STEP6 퀘스트2 과제확인하기

퀘스트2는 생존 배낭 꾸리기 활동입니다. 생존 가방은 말 그대로 위급 상황이 발생했을 때 생존에 필요한 물품들을 담아놓은 가방입니다. 생존 가방을 꾸리기 전 가방에 들어가야 할 물품들을 카테고리별로 정리한 뒤 실제 생존 가방을 꾸려보도록 합니다. 가방에 너무 많은 것을 채워 넣을 경우 이동할 때 어려움이 있을 수 있습니다. 꼭 필요한 물품들로 채울 수 있도록 안내 해주세요. 생존 배낭을 꾸릴 때 무게를 줄일 수 있도록 카테고리별 물건 수를 제한하거나 전체 물품 수를 제한하여 제시해 주어도 좋습니다.

이어지는 활동에서 학생들은 체온 유지 방법에 대해 고민하도록 구성하였습니다. 재난 상황에서 체온을 유지하는 것은 매우 중요합니다. 수업 적용 시기(한여름 또는 한겨울)를 고려하여 선택하여 적용해 볼 수 있습니다.

체온 유지를 위해 생존 가방 안의 물품들을 적극적으로 활용하도록 하며 활동이 끝난 후 체온 유지를 위해 유용했던 물품과 가방 속에 미처 꾸리지 못해 아쉬웠던 물품들에 대하여 친구들과 이야기를 나누고 생존 가방 속 물품을 보완하도록 합니다.

온라인 플랫폼 '패들렛(Pedlet)'을 활용하여 학생들의 생존 배낭 물품을 정리하여 게시하고 게시글에 대한 반응을 비교하여 '우리반 생존 배낭 BEST5'로 선정해 보면 어떨까요?

〈유튜브 채널 – conan의 생존스쿨〉

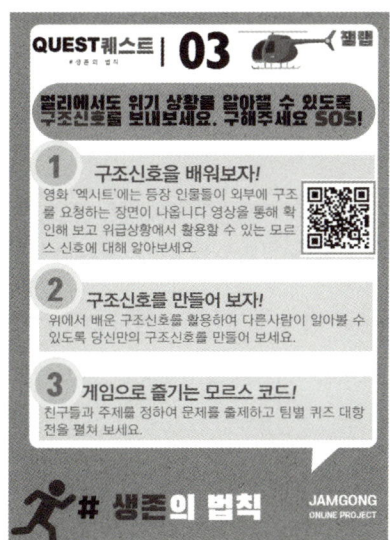

STEP7 생존배낭 영상 시청

퀘스트2 활동카드에 삽입된 QR코드에서는 도시 재난 생존전문가가 재난 상황에 버텨 낼 수 있는 생존 배낭을 꾸리는 방법에 대해 소개해 주고 있습니다. 주변에서 쉽게 구할 수 있는 용품들이 어떻게 활용될 수 있는지에 대해 다양한 아이디어를 제공하고 있으니 참고할 수 있도록 안내해 주세요.

STEP8 퀘스트3 과제확인하기

영화 '엑시트'에서 배우들은 빛과 소리를 이용하여 SOS 신호를 보냅니다. 영화 '기생충'에서는 전등을 껐다 켜는 과정을 반복하며 지하에서 지상으로 구조 요청을 보내지요. 전화나 무선을 사용할 수 없는 상황에서도 번쩍이는 신호나 소리는 쉽고 빠르게 메시지를 전달할 수 있어 재난이 발생했을 경우 효과적으로 구조 요청을 보낼 수 있습니다. 먼저 과제카드 또는 워크시트에 삽입된 QR 코드를 통해 영화 속 구조신호 장면을 시청하도록 합니다.

과제를 수행하면서 학생들은 모르스 부호가 무엇인지 이해하고 이것을 활용하여 자신만의 구조신호를 만들어 보고 친구들과 퀴즈 형식으로 문제를 내고 맞추는 게임으로 진행해 볼 수 있습니다. 온라인 수업 환경을 고려하여 카훗이나 퀴즈앤 등의 플랫폼을 활용하여 학생들이 직접 문제를 만들어 제공할 수 있습니다. 유료 서비스로 제공되어 아쉬움은 있으나 게임에 참여하는 친구들은 정답을 맞추면서 실시간 원격 플레이를 통해 랭킹을 비교할 수 있어 경쟁의 재미도 함께 경험할 수 있습니다.

잼공 TV 카훗(Kahoot) 사용법

영화 '엑시트'의 엔딩곡으로 사용된 가수 이승환의 노래 '슈퍼히어로' 후렴구에는 구조신호 'SOS' 전자음이 흘러나옵니다. 신나는 음악과 함께 들려오는 익숙한 신호음은 아이들에게 또다른 재미를 줄 수 있으니 함께 감상해 보세요.

마무리하기

중심활동 | 재난안전영상 만들기, 학급 커뮤니티에 영상 공유하고 감상하기
- [퀘스트4] 재난 안전 영상 제작하기
- 제작한 영상 공유하고 감상하기
- 서로의 작품 피드백하기
- [선택] 성찰저널 작성하기

STEP9 퀘스트4 과제 확인하기

퀘스트4는 지금까지 활동한 과정과 결과를 바탕으로 하여 많은 사람들에게 도움을 줄 수 있는 재난 안전 영상을 제작하고 공유하는 활동으로 구성되었습니다. 영상 제작이 낯선 학생들을 위하여 온라인 환경에서 쉽게 영상을 제작할 수 있도록 무료 영상 편집기를 소개해 주세요. 비바비디오나 키네마스터, 블로 등의 무료 영상편집기 등은 초보자들도 쉽게 영상을 제작할 수 있습니다. 스토리 보드에 필요한 영상과 이미지, 그리고 음악이나 자막 등을 미리 꼼꼼하게 정리해 두면 좀 더 원활하게 영상을 제작할 수 있을 것입니다.

비바비디오(VivaVideo) 사용법　　키네마스터(Kinemaster) 사용법　　블로(VLLO) 사용법

　폰트, 스티커, 음악 등 무료로 제공되는 소스들이 다양하지만 개인적으로 필요한 자료들을 업로드 해서 사용하는 자료 등은 저작권에 위배되지 않는지 꼼꼼히 살펴볼 수 있도록 저작권 교육이 함께 이루어지도록 해주세요.

　영상 제작이 완료되면 학급 커뮤니티에 공유하여 서로의 작품을 감상하고 감상평을 올리도록 합니다. 영상을 통해 새롭게 알게 된 점과 느낀 점 그리고 영상 제작의 우수한 점 등을 담아 댓글을 남겨줍니다. 온라인 예절 교육이 같이 이뤄지도록 하여 서로에게 힘이 되는 격려와 칭찬의 글을 올릴 수 있도록 해주세요. 서로의 결과물에 대한 피드백을 댓글로 남기는 활동은 자신의 활동 과정을 돌아볼 수 있는 소중한 기회가 될 것입니다.

　활동이 모두 마무리되면 지금까지 활동한 학습 과정을 되돌아보며 성찰저널을 작성하도록 해주세요. 활동을 하면서 학습의 과정을 통해 배운 점과 느낀 점 그리고 좀 더 노력해야 할 점 등을 중심으로 일기처럼 자유롭게 기술합니다. 만약 그동안 워크시트에 포함된 나만의 교과서 활동에 충실히 참여했다면 '성찰저널' 쓰기 활동은 생략해도 좋습니다.

슬기로운 온라인 도구생활 5

빠르고 간편하게 PDF 파일에 교정 및 주석을 달 수 있는, Drawboard

컴퓨터나 태블릿PC 등의 화면에서 필기 기능을 사용해야 할 때, 정말 간단한 기능인데 생각보다 적당한 프로그램을 찾지 못하는 경우가 많습니다. 드로우보드(Drawboard)는 PDF 파일에 간편하고 쉽게 교정 및 주석을 달 수 있는 필기 프로그램입니다. 특유의 직관적이고 손쉬운 사용자 인터페이스를 가지고 있어 초보자도 쉽게 이용할 수 있다는 장점이 있으며, 아무리 큰 용량의 파일이라도 버벅거림 없이 필기 및 저장이 가능합니다. 또한 즐겨찾는 도구 툴바 저장 기능, 텍스트 인식 기능, 북마크·올가미 기능 등 숨어있는 다양한 기능들을 무료로 이용할 수 있어 간편한 필기 프로그램으로 추천합니다.

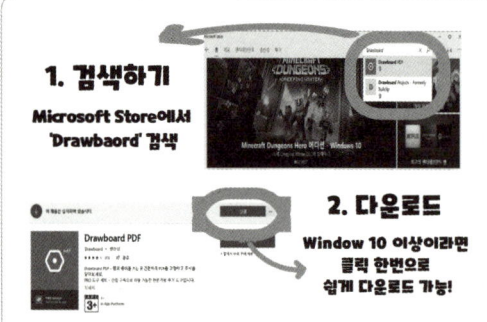

드로우보드(Drawboard)는 Window 10 이상의 사양에서 다운로드 받을 수 있습니다. Microsoft store에서 Drawboard PDF를 검색하고, 다운로드하면 끝! 곧바로 나의 PDF 파일을 불러와서 손쉽게 교정 및 주석 달기를 사용할 수 있습니다.

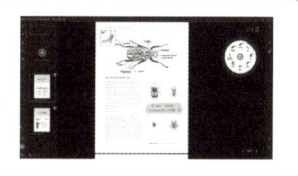
유료 버전은 디지털 각도기, 공학용 라인 템플릿 등 더욱 다양한 도구들을 사용할 수 있으며, 팀원과 공동 작업을 하고 싶다면 드로우보드 프로젝트 버전(30일 무료이용 가능)을 이용하여 실시간으로 주석을 동기화·공유할 수 있답니다.

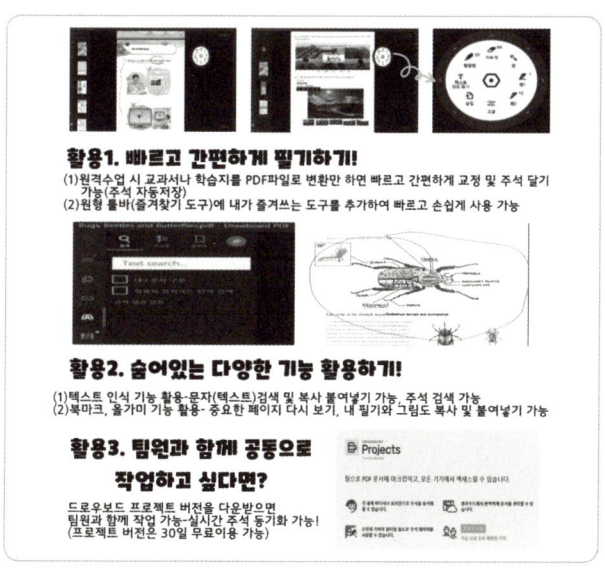

드로우보드(Drawboard)의 활용법은 그 어떤 필기 프로그램보다 간편합니다. 원격수업 시 교과서나 학습지 등을 PDF파일로 변환하여 간편하게 필기할 수 있고, 원형 툴바에 내가 즐겨찾는 필기 도구들을 저장하여 고정해두고 사용할 수 있습니다. 특히 텍스트 인식 기능이 뛰어나 문자 검색 및 복사·붙여넣기가 가능하며, 내가 필기한 주석도 검색이 가능하다는 것은 큰 장점 중 하나입니다. 중요한 페이지를 북마크하여 그 페이지만 빠르게 다시 볼 수 있으며, 올가미 기능으로 내가 쓴 필기나 그림을 복사, 붙여넣기 할 수 있답니다. 다양한 기능들이 숨어있어 활용도가 굉장히 높죠?

CHAPTER 08 Fresh찬의 새로운 출발

커버스토리 Cover Story

　Fresh찬은 신선한 국산 재료로 만든 반찬을 판매하는 반찬 가게로 지역 주민의 큰 호응을 받고 있었습니다. 하지만 코로나-19 대유행을 시작으로 집콕족이 늘어나고, 매장을 찾는 방문객이 줄어들면서 Fresh찬은 새로운 변화의 필요성을 느끼게 됩니다. 신선 배송 서비스가 대세를 이루고, 모바일 주문을 통해 반찬이 정기적으로 배송되는 시대의 흐름에 따라 Fresh찬도 반찬 구독 서비스를 시작하기로 했는데요. 구독 고객에게 매월 식단표를 제공하고, 원하는 예약날짜에 배송할 예정입니다. 당일 조리한 반찬을 새벽 배송을 통해 현관 앞까지 신속하고 안전하게 전달, 집콕시대에 삼시 세끼를 집밥으로 해결해야 하는 가정의 고민을 덜어줄 것으로 기대됩니다. Fresh찬의 대표인 당신은 반찬 구독 고객을 확보하기 위해 다양한 전략을 수립해야 합니다. 영양소를 고려한 식단, 다양한 조리법, 고객의 식생활 취향, 포장 방법에 대한 철저한 계획으로 온라인 반찬 시장의 떠오르는 별로 거듭날 준비를 해 봅시다.

::: 온라인 프로젝트 QR CODE :::

Step 01. 도입 영상 시청하기

Step 02. 커버스토리 확인하기

활동순서 Activity Flow

❶ **온라인 프로젝트 과제 이해하기**
커버스토리 파악하기 | 활동순서 살펴보기

❷ **[퀘스트1] 건강밥상의 필수 조건! 영양소를 파악하라**
영양소의 종류와 기능 | 영양소에 따른 식품 알기

❸ **[퀘스트2] 맞춤형 건강 식단**
다양한 식생활 취향 조사 | 식생활 취향에 따른 식단 구성

❹ **[퀘스트3] 친환경 패키징 전략**
친환경 포장재 및 패키징 사례 조사 | 반찬 포장 계획하기

❺ **[퀘스트4] Fresh찬을 홍보하라**
광고 포스터와 영상 제작 | 온라인 홍보하기

Step 03. 전체 활동과정 짚어보기
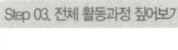

Step 04. 관련 영상 시청하기

[Q1] 건강밥상의 필수 조건! 영양소를 파악하라

'매일 삼시 세끼 집밥을 먹고 싶은데 반찬을 고르기가 너무 어려워요.'
'영양소를 골고루 갖춘 식단으로 매일 식사를 하고 싶어요.'

::: 온라인 프로젝트 QR CODE :::
Step 05. 퀘스트1 과제 확인하기

반찬 구독 서비스를 찾는 고객들의 공통적인 요구 사항을 만족시키기 위해 고객들에게 맛과 영양을 고려한 건강한 식단을 제공해야 합니다. 영양소를 골고루 갖춘 식단을 구성하기 위해서는 우리 몸에 필요한 영양소의 종류와 기능을 이해해야 합니다. 6대 영양소의 종류와 기능을 알고, 각 영양소가 포함된 다양한 식품군을 정확하게 파악해야 고객을 사로잡을 수 있는 건강 식단표를 만들 수 있습니다.

❶ [영양소의 종류와 기능] 6대 영양소의 종류와 그 기능을 알아봅시다.

영양소의 종류	영양소의 기능

Action Tips 영양소의 종류에 따른 기능을 이해하는 것이 중요합니다. 교과서 및 인터넷 검색을 통해 6대 영양소의 종류와 기능을 찾아봅시다. 검색창에 'scienceall.com / 우리-몸에-필요한-6대-영양소/'를 입력하면 영양소에 대한 정보를 쉽게 파악할 수 있습니다.

❷ [영양소별 식품 찾기] 각 영양소가 함유된 식품을 영양소의 종류별로 찾아 정리해 봅시다.

영양소의 종류	각 영양소의 함유 식품

Action Tips 각 영양소의 함유 식품을 알아보기 위해 우선 '식품 구성 자전거'의 식품군을 살펴보는 것이 중요합니다. 각 영양소를 함유한 식품군을 알아보고, 그 식품군에 해당하는 다양한 식품 중 주로 반찬을 만드는 재료를 찾아 정리해 보도록 합시다.

나만의 교과서

활동과정을 다시 떠올려보세요. 배우고 느낀 점들을 그냥 낙서하듯 자유롭게 표현하면 됩니다.

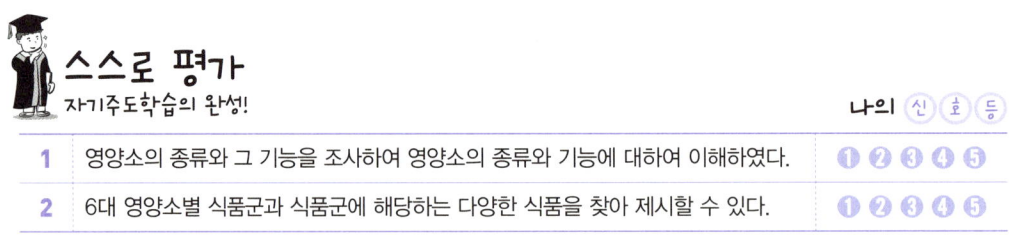

Q2 맞춤형 건강 식단

6대 영양소와 각 영양소가 담긴 식품을 알아보았으니 영양소가 골고루 담긴 균형 잡힌 식단을 만들어야 합니다. 다른 업체와 차별화를 추구하기 위해 사람들의 다양한 식생활 취향에 따른 맞춤형 식단을 구성해야 합니다. 키즈패밀리, 싱글족, 실버족, 다이어트족, 채식주의자 등의 다양한 대상을 조사하여 그들에게 맞는 재료와 조리법을 고려하는 것이 중요합니다. 영양소, 식생활 취향, 조리법 등의 요소를 고려하여 맞춤형 건강 식단을 만들어 봅시다. 하루에 필요한 영양소를 골고루 포함하면서도 다양하고 알찬 메뉴를 구성하는 것이 중요합니다.

❶ [대상 선정하기] 맞춤형 식단을 구성하기 위해 다양한 가족의 형태, 식생활 취향을 조사하여 맞춤형 식단의 대상을 선정해 봅시다.

선정한 대상	선정한 대상의 취향에 따라 식단을 구성할 때 고려할 점

Action Tips 다양한 반찬 구독 서비스 사례를 살펴보며 가족의 형태나 구성원, 식생활 취향에 따라 맞춤형 식단을 어떻게 구성했는지 살펴보세요. 또는 자신의 가족이나 이웃의 사례와 관련지어 대상의 특징을 생각해보고, 식단을 구성할 때 주의해야 할 점을 기록해봅시다.

❷ [조리 방법 알기] 신선한 재료의 맛을 살리면서 건강한 밥상을 제공하기 위한 다양한 조리법의 종류와 특징을 알아봅시다.

조리법의 종류	방법 또는 특징

Action Tips 건강한 식단을 구성하기 위해서는 다양한 조리법의 종류와 특징을 알아야 합니다. 예를 들어 다이어트족을 위한 식단은 영양소를 골고루 갖추면서도 열량을 줄일 수 있는 조리법을 이용한 음식으로 구성해야 합니다. 다양한 조리법과 관련된 영상을 살펴보며 조리법의 종류와 그에 따른 특징을 알아보고, 여러분이 선정한 대상에 알맞은 조리법을 선택해 봅시다.

❸ [식단표 만들기] 여러분이 선정한 대상에 따라 알맞은 재료 및 조리법을 생각하며 일주일 식단을 만들어 봅시다.

식단대상							
요일	월요일	주 영양소	화요일	주 영양소	수요일	주 영양소
국						
주요 반찬						
반찬 1						
반찬 2						
반찬 3						
요일	목요일	주 영양소	금요일	주 영양소	토요일	주 영양소
국						
주요 반찬						
반찬 1						
반찬 2						
반찬 3						

Action Tips 자신이 선정한 대상에 알맞은 식단을 구성하거나 또는 일반 식단과 특정 대상을 위한 식단을 혼합하여 구성해도 좋습니다. 하루 식단을 구성할 때는 국, 주요 반찬, 밑반찬 등 4가지의 메뉴가 필수로 포함될 수 있도록 구성하고, 이외에 다른 메뉴를 추가해도 좋습니다. 하루 식단에 물을 제외한 5대 영양소가 골고루 포함되도록 구성하는 것도 중요합니다.

나만의 교과서

공부한 내용 중에 오랫동안 기억 속에 담아 두고 싶은 지식은 무엇입니까? 여러분들이 엄선한 지식 열매를 보물상자에 담아주세요.

스스로 평가
자기주도학습의 완성!

나의 신호등

1	가족 구성원, 식생활 취향에 따른 다양한 사례를 살펴보고, 자신이 구성하고 싶은 식단의 대상을 선정하였다.	① ② ③ ④ ⑤
2	식단을 구성하는데 필요한 음식 재료의 다양한 조리법의 종류와 특징을 이해하였다.	① ② ③ ④ ⑤
3	내가 선정한 대상에 알맞은 조리법, 음식 재료, 영양소를 고려하여 일주일 식단을 만들었다.	① ② ③ ④ ⑤

Q3 친환경 패키징 전략

제로웨이스트, 에코디자인, 프리사이클링 등의 사회적 움직임은 환경보호가 선택이 아니라 필수인 시대에 접어들었음을 보여줍니다. 이에 따라 기업뿐만 아니라 소비자에게도 친환경 포장재에 대한 인식이 확산되면서 친환경 포장이 구매를 결정하는데 중요한 요소로 자리 잡았습니다. 특히 코로나19 이후 배송 서비스의 이용이 증대되면서 쌓여가는 포장재 문제는 소비자들의 의식을 더욱 변화시키고 있습니다.

이러한 '필환경' 흐름에 발맞춰 당일 조리한 반찬을 신선하게 보존할 뿐만 아니라 환경까지도 생각하는 친환경적인 포장 방법을 연구해야 합니다. 사람과 환경 모두에게 이로운 특별한 방법을 계획해 봅시다.

::: 온라인 프로젝트 QR CODE :::

Step 08. 퀘스트3 과제 확인하기

Step 09. 관련 영상 시청하기

※ 필환경: 반드시 '필(必)'과 환경의 합성어로, 필수로 환경을 생각해야 한다'라는 의미이다.(출처: 네이버 국어사전)

❶ [친환경 패키징 사례 조사] 식료품업계 및 신선마켓 배송 서비스의 친환경 패키징 사례를 살펴봅시다.

친환경 패키징 사례	방법 또는 특징
마켓컬리의 올 페이퍼 챌린지	
에코베이티브의 포장재	

Action Tips 인터넷에서 '필환경', '친환경 패키징' 검색을 통해 최근 대두되고 있는 식료품업계 및 배송업계의 다양한 사례를 살펴보고, 친환경 포장재의 재료와 방법을 탐색해 봅시다. 기존의 반찬 용기, 보랭재, 비닐 등을 대체할 수 있는 다양한 방법을 찾아봅시다.

❷ [친환경 패키징 계획] 다양한 친환경 패키징 사례를 토대로 반찬을 보관하고 신선도를 유지할 수 있는 친환경 패키징 방법을 계획해 봅시다.

패키징 항목	방법 또는 특징
반찬 용기	
보랭재	
비닐백	

Action Tips 친환경 패키징 사례 조사 내용을 토대로 반찬을 담는 플라스틱 용기, 국을 담는 비닐백, 신선도를 유지하는 보랭재, 반찬 패키지를 담는 가방이나 스티로폼 등의 일반적인 포장 방법을 친환경적인 포장 방법으로 대체할 방안을 구체적으로 작성해봅시다.

나만의 교과서

나의 지혜나무 — 배운 내용의 중심용어(단어)들로 지혜나무를 완성해 주세요. 관련성이 높은 용어들을 한 가지에 묶어 주는 것이 중요합니다. 탐스런 지식열매가 가득 차도록 자유롭게 꾸며주세요.

스스로 평가
자기주도학습의 완성!

나의 신 호 등

1	나는 친환경 패키징의 다양한 사례를 조사하여 그 특징을 알게 되었다.	① ② ③ ④ ⑤
2	친환경 패키징에 대한 조사 자료를 토대로 친환경적인 반찬 포장 방법을 제시하였다.	① ② ③ ④ ⑤
3	나는 문제해결을 위해 탐구한 내용과 수집한 정보를 바탕으로 나만의 교과서를 멋지게 완성하였다.	① ② ③ ④ ⑤

Q4 Fresh찬을 홍보하라

　Fresh찬의 반찬 구독 서비스 개시를 위한 준비가 막바지에 다다랐습니다. 반찬 구독 서비스는 고객들이 쉽게 접근할 수 있는 모바일 시스템으로 운영될 예정입니다. 또한, 정기 배송을 원하는 고객들에게 일주일 단위로 식단표를 제공하고 주문을 받을 예정인데요. 이제 Fresh찬의 새로운 서비스를 알리기 위한 홍보를 계획해야 합니다. 여러분이 작성한 영양 만점 맞춤 식단표가 제시된 광고 포스터와 홍보 영상을 준비해 봅시다. Fresh찬이 추구하는 영양, 맛, 맞춤 밥상이라는 이미지가 드러날 수 있도록 여러분의 실력을 발휘해 주세요. 여러분의 뛰어난 감각으로 제작된 광고 포스터와 영상이 Fresh찬의 새로운 출발을 더욱 빛나게 해 줄 것입니다.

::: 온라인 프로젝트 QR CODE :::

Step 10. 퀘스트4 과제 확인하기

Step 11. 온라인 홍보하기

❶ [광고 포스터 제작] 식단표와 친환경적인 포장 방법이 드러나게 광고 포스터를 만들어 봅시다.

광고 포스터에 포함될 핵심내용

광고 포스터 아이디어 스케치

Action Tips 다양한 광고 포스터의 사례를 찾아보고, 광고 포스터에 들어갈 내용을 알아봅시다. 자신이 구성한 일주일 식단표, 친환경 패키징의 특징, Fresh찬이 추구하는 독특한 점이 드러나게 만들어 주세요. 식단을 구성할 때 고려한 대상의 특징을 표현해도 좋습니다.

❷ [광고영상 제작] Fresh찬이 다른 업체와 차별화한 점이 잘 드러나게 짧은 영상을 만들어 봅시다.

스토리보드 #1	#2	#3
#4	#5	#6

Action Tips Fresh찬을 찾는 사람들의 관심을 유발할 수 있도록 광고 형식의 짧은 영상을 제작하는 것이 좋습니다. 주요장면을 스토리보드로 표현하고 영상 제작에 도전해보세요.

❸ Fresh찬의 광고 포스터와 광고영상을 온라인 홍보 공간에 올려주세요. 친구들이 올린 광고영상 및 광고포스터를 통해 구독하고 싶은 식단 3개를 선택하고 그 이유를 밝혀주세요.

구독하고 싶은 맞춤 식단	선택한 이유

Action Tips 먼저 Fresh찬의 홍보 공간에 올린 다른 친구들의 광고영상과 식단이 포함된 광고 포스터를 주의 깊게 살펴보는 것이 중요합니다. 자세히 살펴보고, 맞춤 대상에 따라 영양소가 골고루 포함된 식단을 구성하였는지, 친환경 패키징에 대한 참신한 아이디어를 효과적으로 잘 표현했는지 고려하여 선택한 이유를 기록해 봅시다.

나만의 교과서

The Big Idea! 프로젝트학습을 수행하는 과정에서 배우고 느낀 점은 무엇입니까? 머릿속에 담겨진 그대로 꺼내어 마인드맵으로 표현해 봅시다. 더불어 학습과정에서 얻게 된 빅아이디어, 창의적인 생각을 정리하는 것도 잊지 마세요.

Big Idea!
Creative Thinking!

스스로 평가
자기주도학습의 완성!

나의 신호등

1	나는 제시된 조건에 맞게 반찬 구독 서비스에 대한 광고 포스터를 제작하였다.	① ② ③ ④ ⑤
2	나는 제시된 조건에 알맞은 반찬 구독 서비스 광고영상을 제작하였다.	① ② ③ ④ ⑤
3	나는 반찬 구독 서비스 광고 포스터와 영상 공유 활동에 적극적으로 참여하였다.	① ② ③ ④ ⑤
4	나는 문제해결을 위해 탐구한 내용과 수집한 정보를 바탕으로 나만의 교과서를 멋지게 완성하였다.	① ② ③ ④ ⑤

Fresh찬의 새로운 출발

> **SYNOPSIS**

'Fresh찬의 새로운 출발'은 코로나19 이후 책이나 영상 콘텐츠뿐만 아니라 먹거리까지 구독료를 내며 소비하는 구독 경제에서 아이디어를 얻어 구성한 PBL수업입니다. 참여한 학습자는 영양소와 친환경 포장재에 대한 정보를 바탕으로 반찬 구독 서비스를 계획하고 홍보하는 활동을 벌이게 됩니다.

기본적으로 실과(가정)교과의 식품과 영양소 관련 단원과 연계해 온라인 학습으로 진행하는 것이 적절합니다. 물론 활동에 따라서는 창의적 체험활동(자유학년)뿐만 아니라 국어 읽기 영역, 체육의 건강 영역과 연계해 진행하는 것도 가능합니다. 아무튼 이 수업은 영양소와 관련된 내용을 처음 접하는 초등학생부터 중학생에 이르기까지 특정 학년을 가리지 않고 교과와 범교과 영역에 적용할 수 있습니다.

100% 온라인 수업으로도 진행할 수 있지만, 가능하다면 영양소를 고려한 식단 짜기 및 친환경적인 포장 방법에 대한 계획은 오프라인 수업 및 쌍방향 온라인 수업을 통해 진행하는 것을 권장합니다. 아무쪼록 교육과정을 참고해가며 현장 상황에 적합한 방식으로 실천해 보길 바랍니다.

▶ 적용대상(권장): 초등학교 5학년 – 중학교 2학년
▶ 학습 예상 소요기간(차시) : 10일(9 – 10차시)
▶ 관련교과 내용요소(교육과정)

교과	영역	내용 요소	
		초등학교[5 – 6학년]	중학교[1 – 3학년]
국어	듣기·말하기	• 발표[매체 활용] • 체계적 내용 구성	• 면담 • 발표[내용 구성] • 매체 자료의 효과
	쓰기	• 설명하는 글[목적과 대상, 형식과 자료] • 목적·주제를 고려한 내용과 매체 선정	• 설명하는 글[대상의 특성] • 대상의 특성을 고려한 설명
	읽기	• 글과 매체 • 내용 요약[글의 구조] • 주장이나 주제 파악	• 내용 요약[읽기 목적, 글의 특성]
실과 기술·가정	가정생활과 안전	• 균형 잡힌 식생활 • 식재료의 특성과 음식의 맛	• 청소년기의 영양과 식행동 • 식사의 계획과 선택

체육	건강	• 건강한 성장 발달	
창의적 체험 활동	안전·건강교육	• 식생활과 안전 • 식생활 문화와 역할	
	환경·지속발전 가능교육	• 생태계 보호	

> **써니쌤** 재미교육연구소의 2년차 연구원이며, 프로젝트학습의 매력에 푹 빠져 있는 18년차 초등교사입니다. 학부 및 대학원에서는 초등교육방법을 전공하였고, 새로운 사회현상과 변화에 관심이 많으며, 이와 관련된 프로젝트 활동을 생각하고 구상하는 것을 좋아합니다. 또한 두 아이의 엄마로서 가정이나 일상생활에서 아이들과 함께할 수 있는 가족 PBL활동을 만들어 실천하며 아이들과 즐겁고 의미 있는 시간을 만들어 가고 있습니다.

온라인 프로젝트 수업가이드

'Fresh찬의 새로운 출발' 수업을 원활하게 진행하기 위해서는 등교수업이나 학습꾸러미를 이용해 활동지를 먼저 배부해 주는 것이 좋습니다. 사전에 구독 경제의 의미와 구독 서비스의 분야가 생필품 및 먹거리까지 확장되고 있는 사회 현상을 학습자가 충분히 이해하도록 도와주세요. 단계마다 제시되어있는 온라인 과제카드와 활동에 참고할 만한 영상이 담겨있는 QR코드는 학생들이 스스로 자료를 탐색하고 조사하는 데 도움이 됩니다.

이 수업은 총 4개의 퀘스트로 구성되어 있습니다. 실과, 체육의 영양소 관련 단원, 국어의 읽기 및 쓰기 영역, 창의적 체험활동의 환경·지속 발전 교육과 관련지어 100% 온라인 학습으로 진행할 수 있습니다. 다만 균형잡힌 식단 구성하기, 광고 포스터와 영상 제작 등의 활동을 포함하고 있으므로 학생의 과제부담을 고려하여 2주 정도의 시간을 갖고 진행하는 것이 좋습니다. 또한, 쌍방향 온라인 학습을 이용하여 교사와 학생 간, 학생과 학생 간의 원활한 상호작용으로 프로젝트 활동을 좀 더 수월하게 진행할 수 있습니다.

> **시작하기**
>
> **중심활동 | 커버스토리 파악하기, 학습흐름 이해하기**
> ◆ 도입 영상을 통해 프로젝트학습 주제 확인하기
> ◆ 커버스토리를 확인하고 주어진 문제 상황 파악하기
> ◆ 활동순서를 짚어보며, 전체적인 학습 흐름과 각 퀘스트별 활동 파악하기
> ◆ '먹거리 구독 전성시대' 영상을 보고 관련 활동 파악하기

STEP1 도입 영상 시청하기

프로젝트 주제에 대한 관심을 유발하기 위해 오프라인 반찬가게 'Fresh찬'의 새로운 변화의 필요성이 담긴 영상을 보여주고, 학습의 출발점에 해당하는 커버스토리를 볼 수 있도록 안내해 주세요.

맞벌이 가정과 1인 가구의 증가, 코로나 19 이후 비대면 서비스의 수요 증가와 더불어 보다 편리하면서도 건강한 먹거리를 찾는 사람들을 위해 반찬가게 'Fresh찬'이 변화해야 할 부분과 추구하는 방향을 안내하는 것이 중요합니다. 또한, 학습자가 구독 서비스의 의미를 알고, 반찬 구독 서비스를 준비하기 위해 필요한 사항을 확인하는 과정도 필요합니다. 이러한 과정을 통해 학생들이 달성해야 할 조건이나 수행 목표를 인지할 수 있습니다.

STEP2 커버스토리 확인하기

우선, 학습자가 문제의 출발 배경과 새로운 서비스 운영을 위한 준비 사항을 제대로 이해하는 것이 중요합니다. 커버스토리에 담긴 핵심내용을 파악할 수 있도록 안내해주세요. 온라인 플랫폼을 통한 반찬 구독 서비스의 운영 방법, 맛과 영양을 고려한 식단 구성, 고객의 취향을 고려한 차별화된 전략 등을 계획하기 위해 학생들이 탐색해야 할 부분을 안내하는 것이 필요합니다. 또한, 편리함을 추구하는 사회적 현상에 따라 발생하는 환

2부. 실전 잼공 온라인 프로젝트 159

경 문제를 인식하고, 자연과 인간이 상생하는 방안에 대해 생각해보는 시간을 갖는 것도 좋습니다.

STEP3 전체 활동과정 짚어보기

활동순서 카드를 활용해 전체적인 학습 흐름과 각 퀘스트별 중심활동을 짚어보는 시간을 갖습니다. 가능하다면 오프라인 수업 또는 쌍방향 온라인 수업을 통해 학생들과 활동에 대해 질문을 하면서 학생들의 호기심을 끌어내고, 전체 수업 일정과 퀘스트별 소요 예상시간을 공유하면 좋습니다.

STEP4 관련 영상 시청하기

먹거리 구독과 관련된 유튜브 영상을 시청하고, 디지털 콘텐츠 분야에서 빵, 얼음, 반찬 등의 먹거리 분야까지 확장되고 있는 구독 서비스가 기업과 소비자에게 어떠한 영향을 미치는지 생각해보게 하는 것도 좋습니다. 온라인 학습방의 댓글을 이용해 영상과 관련된 자신의 경험을 나누고, 고객 확보를 위한 반찬 구독 서비스의 전략 아이디어를 자유롭게 공유함으로써 학생들에게 동기를 부여할 수 있습니다.

중심활동 | 영양소별 식품을 고려하여 건강 식단을 구성하고, 친환경 포장 방법 계획하기
- [퀘스트1] 영양소별 기능과 식품군 알기
- [퀘스트2] 고객의 취향을 고려한 맞춤형 건강 식단 구성하기
- [퀘스트3] 친환경 포장 방법을 알아보고, 반찬 패키징 및 배달 방법 계획하기

STEP5 퀘스트1 과제 확인하기

퀘스트1에서는 반찬 구독 서비스를 찾는 사람들의 공통적인 요구 사항을 확인하고, 이를 만족할 수 있는 전략을 세우는데 필요한 정보를 탐색하는 과정입니다. 맛과 영양

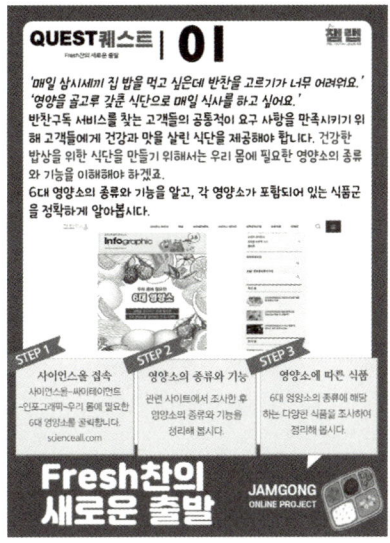

을 담은 밥상을 원하지만 반찬을 고르기가 어려운 사람들을 위해 매주 정기적인 식단을 제공해야 합니다. 이를 위해 영양소에 대한 정보를 탐색하는 과정이 중요합니다. 영양소를 골고루 갖춘 메뉴를 구성하기 위해서는 6대 영양소의 종류, 영양소의 각 기능, 영양소별 식품의 종류에 대해 정확히 이해하는 과정이 필요합니다.

6대 영양소의 종류와 기능 및 영양소별 식품의 종류를 알아보기 위해 인터넷 검색란에 '영양소의 종류'를 입력하여 살펴봐도 좋습니다. 또는 검색창에 'scienceall.com/우리-몸에-필요한-6대-영양소/'를 입력하면 아래 그림과 같이 6대 영양소에 대한 인포그래픽 자료를 확인할 수 있습니다. 아울러 동일 사이트에 게시된 '컬러푸드 아침 한 상' 자료를 통해 현대인의 취향에 알맞은 식단을 구성하는데 필요한 정보를 살펴볼 수 있습니다.

영양소별 식품의 종류를 알아보기 위해서 '여섯 가지 식품군'과 '식품 구성 자전거' 자료를 살펴보게 하는 것도 좋습니다. 식품 구성 자전거의 바퀴 배분 비율에 따라 각 식품군의 권장 섭취 횟수와 분량을 쉽게 확인할 수 있어 퀘스트2의 활동인 균형 잡힌 식단을 작성하는 데 도움이 됩니다.

STEP6 퀘스트2 과제 확인하기

우선 영양소의 종류와 기능 및 영양소별 식품에 대한 이해를 바탕으로 퀘스트2 활동이 이루어져야 합니다. 정기적으로 반찬을 구독하는 고객에게 정기적인 식단 및 영양 정보를 제공하는 것이 중요합니다. 보통 한 달을 기준으로 식단을 제공하지만, 학생의 수준을 고려하여 6일의 식단을 만들어 볼 수 있도록 워크시트에 제시하였습니다.

STEP7 맞춤형 반찬 구독 사례

퀘스트2의 첫 번째 활동 '맞춤형 식단 대상 선정하기'에서는 맞춤형 식단의 사례를 살펴보도록 안내합니다. 가족의 형태와 식생활 취향에 따라 대상을 선정하고, 선택한 대상에 따라 주의해야 할 점을 알아볼 수 있도록 해 주세요. 키즈패밀리, 실버족, 싱글족, 다이어트족, 채식주의자 등의 사례를 살펴볼 수 있도록 안내하고, 식단을 구성할 때 주의해야 할 사항을 학생의 경험과 관련지어 떠올리게 해도 좋습니다.

퀘스트2의 두 번째 활동 '조리 방법 알기'는 학생이 선택한 대상에 알맞은 식단을 구성하기 위해 꼭 필요한 과정입니다. 가령 실버족 및 다이어트족을 위해서는 열량이 높은 튀기기 방법보다는 굽거나 삶는 요리법을 선택하는 것이 적합할 수 있습니다. 다양한 조리 방법에 대한 검색을 통해 자신이 선택한 대상에 적합하면서 재료의 맛을 살리는 요리법으로 메뉴를 구성하도록 안내해야 합니다. 수업을 운영하는데 시간적 여유가 있다면 다양한 조리 방법 중 한 가지를 선택하여 직접 요리한 모습과 음식 사진을 온라인 학습방에 공유함으로써 학생들의 적극적인 참여를 유도할 수 있습니다.

퀘스트2의 마지막 활동 '식단표 만들기'는 앞서 제시한 영양소별 식품 및 다양한 조리 방법에 대한 탐색을 바탕으로 이루어지는 종합적인 활동입니다. 하루 식단을 구성할 때 앞서 제시한 '식품 구성 자전거'의 바퀴 배분 비율에 따라 재료를 골고루 선택하도록 안내합니다. 하루에 필요한 영양소가 골고루 담긴 균형잡힌 식단을 위해 재료에 함유된 주요 영양소를 기록할 수 있도록 해주세요.

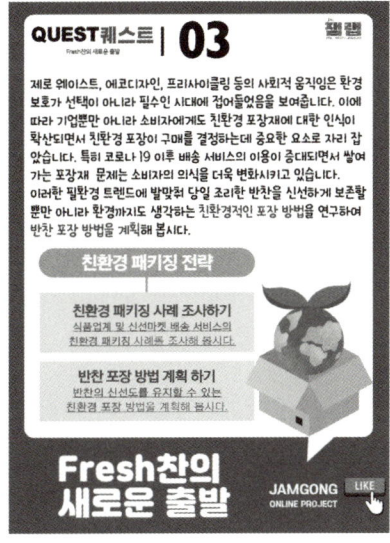

STEP8 퀘스트3 과제 확인하기

퀘스트3은 반찬 구독 서비스 준비의 마지막 단계로 포장 및 배송과 관련된 내용을 계획하는 활동입니다. 음식 및 생필품을 문 앞까지 배달해줌으로써 시간과 비용을 절약할 수 있지만 이로 인해 발생하는 쓰레기 문제의 심각성을 인식하고, 안전하며 친환경적인 포장재의 필요성을 이해하는 것이 중요합니다. 또한, 환경보호 캠페인 '제로 웨이스트', '프리사이클링'과 관련된 사례를 제시하며 친환경 패키징이 이제는 선택이 아니라 필수임을 강조하는 것도 필요합니다.

STEP9 관련 영상 시청하기

환경보전이 선택이 아닌 필수라는 인식을 바탕으로 퀘스트3의 첫 번째 활동을 진행합니다. 워크시트의 QR코드로 제시된 영상을 살펴보고, 친환경 패키징의 필요성과 다양한 사례를 살펴보도록 안내해주세요. 또한 '마켓컬리의 올 페이퍼 챌린지',

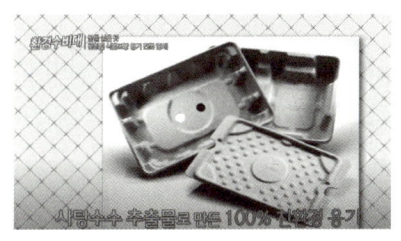

'에코베이티브의 포장재' 등의 친환경 패키징을 실천하고 있는 기업들의 사례를 살펴보고, 친환경 패키징의 방법이나 특징을 정리하도록 합니다.

퀘스트3의 두 번째 활동에서는 친환경 패키징의 다양한 사례 조사를 통해 반찬을 신선하게 보존하는데 필요한 친환경적인 포장 방법을 생각해 볼 수 있도록 안내합니다. 기존의 반찬 용기로 사용되는 플라스틱 용기와 비닐 팩, 신선도를 유지하는 보랭재와 스티로폼 등을 대체할 수 있는 새로운 아이디어를 검색하여 적용할 수 있도록 안내해주세요.

마무리하기

중심활동 | 광고 포스터와 광고영상을 제작하고, 온라인 홍보에 참여하기
- ◆ [퀘스트4] 식단표를 포함한 광고 포스터 제작, 차별화된 전략을 담은 광고영상 제작하기
- ◆ 온라인 홍보 공간에 광고 포스터와 영상을 올리고, 친구들의 광고 내용 살펴보기
- ◆ 구독하고 싶은 서비스 계획을 선정하고 새롭게 알게 된 점을 기록하기
- ◆ [선택] 성찰저널 작성하기

STEP10 퀘스트4 과제 확인하기

퀘스트4는 앞서 활동했던 결과물을 토대로 광고 포스터와 광고영상을 만들어 온라인 게시 공간에 올리고 공유하는 활동으로 구성되어 있습니다. 광고 포스터와 영상에는 일주일 식단표와 친환경 포장 방법에 관한 내용을 꼭 포함하도록 안내해 주세요. 그밖에 맞춤형 식단의 특징, 고객 확보를 위한 자신만의 아이디어를 추가하여 자유롭게 표현하게 하는 것도 좋습니다. 광고 포스터를 제작할 때는 그림 도구를 이용하거나 Canva, 망고보드, 미리캔버스 등의 온라인 디자인 도구를 활용하여 시각적 효과를 높일 수 있습니다.

STEP11 온라인 홍보하기

온라인 광고 공간은 패들렛, 플립그리드, 네이버 밴드 등을 이용할 수 있습니다. 온라인 광고 공간에 자신이 만든 광고 포스터와 광고영상을 올리도록 하고, 온라인 광고 공간에 올린 사진이나 영상에 댓글을 기록할 수 있도록 해 주세요. 친구들이 만든 광고 포스터와 광고영상에 담긴 식단표의 메뉴와 영양소, 친환경적인 포장 방법, 고객 확보를 위한 기발한 전략 등을 살펴볼 수 있도록 평가관점을 사전에 안내하면 좋습니다. 마지막으로 친구들이 만든 광고 포스터와 광고영상을 살펴보며 구독하고 싶은 서비스 Best5를 선정하고, 알게 된 점을 활동지에 기록하도록 해야 합니다.

모든 활동이 끝나면 전체 프로젝트학습 과정을 되돌아보며 성찰저널을 작성하도록

하는 것이 중요합니다. 학습의 과정, 배운 점과 느낀 점을 중심으로 일기처럼 자유롭게 기술하도록 하면 됩니다.

교실 안의 소셜미디어! 발표를 영상으로 제출하고 공유할 수 있는 Flipgrid

온라인 수업에서 학생들의 발표를 자연스럽게 이끌어내는 방법은 무엇일까? 이러한 고민의 해결 방안으로 교육용 소셜 비디오 플랫폼인 플립그리드를 추천합니다. 플립그리드는 교사가 온라인 학급을 개설한 후, 학생들이 주제와 관련된 발표 영상을 제작하고 게시할 수 있는 프로그램입니다. 간단한 조작으로 촬영과 편집을 할 수 있어 저학년 학생들에게도 쉽게 적용할 수 있습니다. 또한, 친구들의 발표 영상에 대한 댓글을 영상으로 게시할 수 있어 편리합니다. 무엇보다도 교사가 만든 온라인 학급 내에서 영상이 공유되므로 학생들의 초상권을 보장할 수 있습니다.

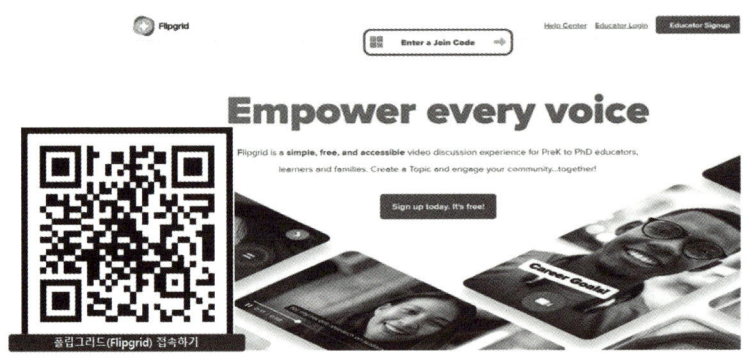

플립그리드(Flipgrid) 접속하기

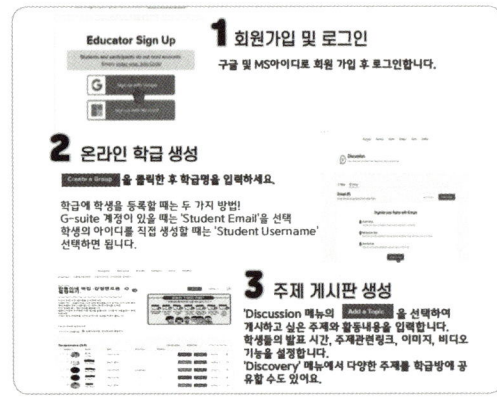

학생들이 플립그리드를 이용하기 위해서는 우선 교사가 사이트에 로그인하여 온라인 학급을 만들어야 합니다. 학생을 등록할 때는 학생의 메일 주소를 입력하거나 이름을 입력하여 학생의 아이디를 생성하면 됩니다.

온라인 학급을 개설한 후 [Discussion] 메뉴에서 원하는 주제 게시판을 만들

거나 [Discovery] 메뉴에 공유된 다양한 주제를 학급 게시판에 불러올 수도 있습니다. 학생들은 링크 주소 및 플립 코드를 통해 학급 게시판에 접속하고, 주제와 관련된 발표를 짧은 영상으로 제작하여 바로 제출하면 됩니다.

플립그리드의 학급 게시판은 다양한 용도로 활용될 수 있습니다. 자기소개, 프로젝트 결과물 발표, 악기 연주, 표현 동작 소개 등의 다양한 활동 모습을 짧은 영상으로 제작하여 공유하는 소통의 공간으로 활용하면 좋습니다. 그리고 영상 댓글 기능을 활용하여 친구들이 제작한 영상에 대한 자신의 느낌과 생각을 생생하게 전달할 수 있습니다. 또한, 플립그리드의 [Discovery] 메뉴에 게시된 다양한 Topic을 학급 게시판에 공유하여 Topic과 관련된 자료를 살펴보며 함께 이야기를 나누는 토론방으로 운영해도 좋습니다.

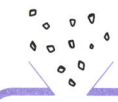

CHAPTER
09 세계를 구하라! 가면 히어로!

커버스토리 Cover Story

세상에는 다양한 영웅들이 존재합니다. 슈퍼히어로의 대표주자 슈퍼맨과 배트맨을 비롯하여 지구의 평화를 지키는 어벤져스 군단, 어려운 백성들을 돕기 위해 도술을 부렸던 홍길동, 마법으로 세계를 지키는 마법 전사, 악당을 물리치는 변신 로봇과 세균맨을 혼내주는 호빵맨까지 그들의 활약상은 세상에 널리 알려져 있습니다.

그동안의 영웅들은 타고난 능력을 바탕으로 우리의 일상을 지켜주는 경우가 많았습니다. 하지만 지금은 과학 기술의 발달 덕분에 특별한 능력을 타고나지 않아도 세상을 위하는 마음과 아이디어만 있으면 누구나 가면을 쓰고 영웅이 될 수 있는 세상이 왔습니다. 이렇게 영웅이 될 기회는 늘었지만 강력한 힘을 자신의 욕망을 위해 쓰는 사람들이 많아지고 있어 히어로 선발 과정은 도리어 점차 까다로워지고 있습니다.

선한 마음을 가진 당신! 가면 히어로가 되어 세상을 구해주세요!

::: 온라인 프로젝트 QR CODE :::

Step 01. 도입영상 시청하기

Step 02. 커버스토리 확인하기

활동순서 Activity Flow

❶ 온라인 프로젝트 과제 이해하기
커버스토리 파악하기 | 활동순서 살펴보기

❷ [퀘스트1] 도전! 가면 히어로
가면에 대한 이해 넓히기 | 영웅이 되기 위한 나의 각오 다지기

❸ [퀘스트2] 여기는 히어로 연구실
세계의 문제 확인하기 | 자연 현상 속 특수능력 탐색하기

❹ [퀘스트3] 히어로 대변신! 개봉박두!
히어로 가면 제작하기 | 히어로 프로필 작성하기

❺ [퀘스트4] 드디어 데뷔, 세상을 구하다!
히어로 데뷔와 활약상을 알리는 가상 기사 쓰기

Step 03. 전체 활동과정 짚어보기

Step 04. 관련영상 시청하기

이 시대는 영웅을 원한다_
히어로 영화 봇물 / YTN

Q1 도전! 가면 히어로

집으로 돌아와 TV를 켜니, 오늘도 세계 곳곳에서 일어난 문제를 해결하는 영웅들의 뉴스가 헤드라인을 장식합니다. 오늘은 큰 불이 난 숲에서 동물들을 구한 슈퍼맨과, 지진으로 무너진 재난 현장에서 건물 잔해를 옮기며 사람들을 구한 헐크의 활약이 돋보입니다.

"나도 히어로가 되어 세상을 구하고 싶은데…."

때마침 수많은 영웅을 배출한 마스크 인더스트리에서 새로운 가면 히어로를 뽑는다는 광고가 나옵니다. 광고를 보는 내내 두근거리는 마음을 진정시키기 어려웠던 나는 바로 회사 홈페이지를 들어가 히어로 테스트 내용을 살펴보았습니다.

::: 온라인 프로젝트 QR CODE :::

Step 05. 퀘스트1 과제확인하기

❶ 가면 히어로는 특수 가면을 써서 힘을 얻는 만큼 가면에 대한 깊이 있는 이해가 필요합니다. 세계 여러 나라의 가면 모양과 특징, 의미를 조사하여 보고서로 제출해봅시다.

Action Tips 가면은 전 세계 여러 문화권에서 아주 오래전부터 사용되었습니다. 오랜 시간 사용된 만큼 가면의 생김새나 쓰임새는 문화권마다 다양하게 나타납니다. 세계 여러 나라에 남아있는 다양한 가면의 특징을 모아 정리해주세요.

❷ 영웅이 되기 위해서는 무엇보다 세계를 위해 자신의 힘을 쓰겠다는 각오와 욕망에 흔들리지 않을 마음이 가장 중요할 것입니다. 여러분이 가장 존경하는 히어로를 골라 그 이유를 소개하고, 히어로로서 갖춰야 할 마음가짐과 각오를 다져봅시다.

> **Action Tips** 강력한 힘은 목적에 따라 선하게도, 악하게도 쓰일 수 있습니다. 실제로 히어로 관련 영화나 애니메이션에서 나오는 악당들은 강한 힘을 가졌으나 그 힘을 자신의 욕망과 목적을 위해 사용하기 때문에 문제가 되죠. 히어로가 되기 위해 흔들리지 않을 여러분의 선한 각오를 나타내주세요.

나만의 교과서

 활동과정을 다시 떠올려보세요. 배우고 느낀 점들을 그냥 낙서하듯 자유롭게 표현하면 됩니다.

스스로 평가
자기주도학습의 완성!

나의 신호등

1	나는 세계 곳곳에 존재하는 다양한 가면의 모양과 쓰임새, 의미 등을 조사하여 정리하였다.	① ② ③ ④ ⑤
2	나는 내가 존경하는 히어로의 특징과 존경하는 이유를 소개할 수 있으며, 영웅으로서 갖춰야 할 가치관을 분명하게 나타내었다.	① ② ③ ④ ⑤
3	나는 문제해결을 위해 탐구한 내용과 수집한 정보를 바탕으로 나만의 교과서를 멋지게 완성하였다.	① ② ③ ④ ⑤

Q2 여기는 히어로 연구실

히어로가 되고 싶은 열망과 마음가짐, 전문성을 높게 평가받아 드디어 히어로 후보생으로서 연구실에 들어가게 되었습니다. 히어로 연구실은 세상에 도움이 되는 히어로를 양성하기 위해 함께 연구하는 곳입니다. 이 곳에서는 지구촌에서 벌어지는 문제들을 분석하여 내가 주력으로 해결할 전문 분야를 정하고, 자연 속에서 문제해결에 필요한 특수 능력을 찾게 됩니다. 나 또한 나만의 특별한 힘을 얻기 위해 연구에 몰입하였습니다.

::: 온라인 프로젝트 QR CODE :::
Step 06. 퀘스트2 과제확인하기

❶ 세계에는 어떤 문제들이 일어나고 있을까요? 세계에서 발생하는 여러 가지 문제 상황을 떠올려보고 그 중 가장 해결하고 싶은 분야를 한 가지 정해 봅시다.

Step 07. 관련 영상 시청하기
"현재 세계가 마주한 가장 큰 문제는?" 5~74살에게 물었다 | ASK

Action Tips 전쟁, 기아, 환경 오염 등 세계에서 발생하는 문제는 다양합니다. 브레인스토밍을 활용하여 자유롭게 생각나는 문제를 떠올려보거나, 마인드맵을 활용하여 유형별로 나누어 살펴볼 수 있습니다.

❷ 선정한 문제를 해결하기 위해서는 문제해결에 적합한 특수능력 개발이 필요합니다. 동물이나 식물, 자연 현상에서 찾은 과학적 원리를 통해 특수능력을 얻을 수 있죠. 여러분이 선택한 지구촌 문제를 해결하기 위해 꼭 필요한 특수능력이 어떤 것인지 찾고, 그 능력과 관련된 과학 지식을 넓혀봅시다. 여러분이 능력에 대한 지식을 쌓을수록, 슈퍼 마스크 파워도 강력해질 것입니다.

Action Tips 만화나 영화 속 히어로는 초능력에 가까운 힘을 쓰지만, 가면 히어로는 현실에 있는 자연 현상이나 과학적 원리에서 나온 힘을 증폭하여 사용합니다. 거미의 특성을 활용하여 다양한 문제를 해결하는 스파이더맨처럼 여러분에게 필요한 능력을 가진 동·식물이나 자연 현상을 탐구해보세요.

나만의 교과서

지식 보물상자

공부한 내용 중에 오랫동안 기억 속에 담아 두고 싶은 지식은 무엇입니까? 여러분들이 엄선한 지식 열매를 보물상자에 담아주세요.

스스로 평가
자기주도학습의 완성!

나의 신호등

1	나는 세계에서 발생하는 다양한 문제와 갈등 상황을 살펴보았다.	① ② ③ ④ ⑤
2	나는 내가 선택한 지구촌 문제를 해결하는데 필요한 과학 지식을 탐구하였다.	① ② ③ ④ ⑤
3	나는 문제해결을 위해 탐구한 내용과 수집한 정보를 바탕으로 나만의 교과서를 멋지게 완성하였다.	① ② ③ ④ ⑤

Q3 히어로 대변신! 개봉박두!

드디어 여러 날 공들여 만든 히어로 연구 보고서가 통과했습니다. 이제는 연구 내용을 바탕으로 히어로 장비를 제작할 차례입니다. 내가 디자인하여 만든 히어로 마스크와 장비들을 착용한 순간 내 안에서는 알 수 없는 힘이 솟구쳤습니다. 연구소 사람들과 마스크 인더스트리 직원들도 성공을 기뻐하며 모두 내게 기립박수를 보냈습니다. 세상에서 활약할 그 날이 코앞으로 다가왔습니다.

::: 온라인 프로젝트 QR CODE :::
Step 08. 퀘스트3 과제확인하기

❶ 여러분의 능력을 가장 잘 드러낼 수 있는 마스크와 장비를 디자인해 주세요. 제작에 필요한 재료나 장비의 기능도 함께 기록해주세요.

> **Action Tips** 옛날 사람들은 가면을 만들 때 담고 싶은 의미를 가면의 모습에 나타냈습니다. 히어로 마스크의 능력을 향상시키기 위해 여러분이 연구한 특수능력이 가면의 모양에 잘 드러날 수 있도록 디자인해 주세요.

❷ 여러분의 히어로 가면과 히어로 장비 디자인이 통과되었습니다. 디자인을 바탕으로 히어로 마스크와 장비를 제작해주세요.

> **Action Tips** 종이탈, 도화지, 신문지 등을 활용하여 제작하면 좀 더 쉽게 제작할 수 있습니다. 종이탈에 컬러점토나 색지를 붙이거나, 신문지를 말아 장비의 뼈대를 만드는 것을 추천합니다.

❸ 이제는 사람들에게 새로운 히어로를 소개할 시간입니다. 제작한 히어로 장비를 입고 사진을 찍어 히어로 프로필에 올려주세요. 프로필에는 히어로의 이름과 전문분야, 특수능력도 함께 적어주세요.

Step 09. 프로필 공유 예시

프로필 공유 패들렛 예시

> **Action Tips** 여러분의 특수능력과 전문분야를 잘 나타낼 수 있는 히어로 이름을 지어주세요. 멋진 프로필 사진과 함께 여러분을 소개하는 글을 쓰면, 도움이 필요한 사람들이 여러분을 쉽게 찾을 수 있을 것입니다.

나만의 교과서

 배운 내용의 중심용어(단어)들로 지혜나무를 완성해 주세요. 관련성이 높은 용어들을 한 가지에 묶어 주는 것이 중요합니다. 탐스런 지식열매가 가득 차도록 자유롭게 꾸며주세요.

스스로 평가
자기주도학습의 완성!

나의 신 호 등

1	나는 나의 특수능력을 잘 나타낸 마스크와 장비를 제작하였다.	❶ ❷ ❸ ❹ ❺
2	나는 나의 특수능력과 전문분야를 히어로 프로필에 잘 소개하였다.	❶ ❷ ❸ ❹ ❺
3	나는 문제해결을 위해 탐구한 내용과 수집한 정보를 바탕으로 나만의 교과서를 멋지게 완성하였다.	❶ ❷ ❸ ❹ ❺

Q4 드디어 데뷔, 세상을 구하다!

히어로 프로필을 촬영한 이후에도 새로 갖게 된 특수능력을 능숙하게 활용하기 위한 훈련이 한동안 이어졌습니다. 그리고 드디어 오늘, 세계에서 발생한 문제 상황을 해결할 기회가 주어졌고 나는 가면 히어로로 변신하여 멋지게 문제를 해결했습니다! 기자들은 새로운 영웅의 탄생에 열광했고, 앞다퉈 이 멋진 소식을 머리기사로 전했습니다. 늘 꿈꿔오던 순간이 현실이 된 오늘을 나는 평생 잊지 못할 것 같습니다.

::: 온라인 프로젝트 QR CODE :::
Step 10. 퀘스트4 과제확인하기

❶ 여러분이 해결한 첫 번째 사건의 가상 뉴스 기사를 작성하려고 합니다. 기사를 작성하기 전, 육하원칙에 맞춰 사건을 상상하여 정리해봅시다.

| ① 누가 : |
| ② 언제 : |
| ③ 어디에서 : |
| ④ 무엇을 : |
| ⑤ 어떻게 : |
| ⑥ 왜 : |

Action Tips 보도문이나 기사문을 작성할 때에는 정확한 내용 전달을 위하여 육하원칙에 따라 글을 작성해야 합니다. 가상 뉴스 기사를 작성하기에 앞서, 여러분이 활약하는 상황을 구체적으로 상상하여 정리해봅시다.

❷ 여러분의 활약상을 신문 머리기사에 싣고자 합니다. 여러분의 첫 히어로 데뷔를 전하는 제목과 사건을 잘 정리한 내용, 활약상을 담은 사진이나 삽화를 넣어 기사를 완성해주세요.

Action Tips 기사문은 육하원칙에 따라 사건을 전달하는 방향으로 작성하는 것이 일반적입니다. 하지만 기사 내용과 연관된 인물의 인터뷰를 넣어 상황을 보다 실감 나게 전할 수도 있고, 기사 내용에 대한 전문가들의 다양한 견해를 함께 전하며 독자의 판단을 도울 수도 있습니다.

나만의 교과서

The Big Idea! 프로젝트학습을 수행하는 과정에서 배우고 느낀 점은 무엇입니까? 머릿속에 담겨진 그대로 꺼내어 마인드맵으로 표현해 봅시다. 더불어 학습과정에서 얻게 된 빅아이디어, 창의적인 생각을 정리하는 것도 잊지 마세요.

Big Idea!
Creative Thinking!

스스로 평가
자기주도학습의 완성!

나의 신호등

1	나는 나의 히어로 전문분야를 고려한 가상의 문제 상황을 설정하였다.	① ② ③ ④ ⑤
2	나는 나의 첫 히어로 데뷔를 전하는 기사문을 알맞게 작성하였다.	① ② ③ ④ ⑤
3	나는 문제해결을 위해 탐구한 내용과 수집한 정보를 바탕으로 나만의 교과서를 멋지게 완성하였다.	① ② ③ ④ ⑤

세계를 구하라! 가면 히어로!

SYNOPSIS

'세계를 구하라, 가면 히어로'는 슈퍼히어로 영화나 애니메이션에 대한 관심이 많은 학생들의 기호를 고려하여 기획한 PBL프로그램입니다. 학교 현장에서 많이 활용하고 있는 가면 디자인 수업을 바탕으로 인류애와 도덕성 함양, 지역 사회의 문제나 지구촌의 갈등 파악, 학생이 관심을 가진 과학 분야에 대한 탐구, 기사문 쓰기 등 다양한 내용 요소를 다룰 수 있도록 구성했습니다.

이 수업은 슈퍼히어로 장르에 대한 또래문화가 강하게 형성되어 있으면서 사회 문제나 과학 현상을 본격적으로 탐구하기 시작하는 초등학교 중·고학년 학생들을 대상으로 적용하기에 적합합니다. 종이 가면 등 일부 준비물을 학습꾸러미 등으로 미리 배부할 수 있다면 온라인에서도 충실하게 운영할 수 있습니다. 활동 중간에 책이나 수업 중 익힌 과학 지식을 활용하는 부분이 있어, 다양한 범위의 과학 지식을 충분히 익힌 학기말이나 학년말에 실천하는 것을 권장합니다.

▶ 적용대상(권장): 초등학교 3학년 – 초등학교 6학년
▶ 학습예상소요기간(차시): 15일(6 – 8차시)
▶ 관련교과 내용요소(교육과정)

교과	영역	내용요소	
		초등학교[3–4학년]	초등학교[5–6학년]
국어	읽기	• 정보전달, 설득 표현 • 내용 간추리기	• 의미 구성 과정 • 정보 전달, 설득 표현 • 매체 자료의 효과
	쓰기	• 설명하는 글 [목적과 대상, 형식과 자료] • 목적·주제를 고려한 내용과 매체 선정	• 설명하는 글 • 대상의 특성을 고려한 설명 • 목적·주제를 고려한 내용과 매체 선정
도덕	타인과의 관계		• 우리는 남을 왜 도와야할까?(봉사)
	사회·공동체와의 관계	• 나는 공공장소에서 어떻게 해야 할까?(공익, 준법)	• 전 세계 사람들과 어떻게 살아갈까?(존중, 인류애)
	자연·초월과의 관계	• 생명은 왜 소중할까?(생명존중, 자연애) • 아름답게 살아가는 사람들의 모습은 어떠할까?(아름다움에 대한 사랑)	• 나는 올바르게 살아가고 있을까?(윤리적 성장)

사회	정치		• 지구촌 평화 • 국가간 협력
과학		학생이 선택하는 주제에 따라 접목 가능한 영역 상이	
미술	체험	• 대상의 탐색 • 미술과 생활	• 이미지와 의미
	표현	• 다양한 주제 • 상상과 관찰 • 표현 계획	• 소재와 주제 • 발상 방법 • 표현 방법 • 제작 발표

재미교육연구소에서 PBL을 만나며 프로젝트학습의 매력에 풍당 빠져있는 3년차 연구원이자 10년차 초등교사입니다. 교실에서 학생들과 삶을 가꾸고 함께해서 행복한 시간을 쌓아가며 보람을 느끼고 있습니다. 새로운 것을 접할 때가 즐겁고, 배운 것을 교실에 풀어놓는 것을 좋아합니다. 요즘은 신나게 즐긴 PBL의 경험을 학생들과도 함께하고 싶어 프로젝트학습 프로그램을 열심히 만들고 있습니다. 조금 어설픈 PBL수업마저 사랑해주는 반 학생들이 있어 힘이 납니다!

온라인 프로젝트 수업가이드

'세상을 구하라, 가면 히어로' 프로젝트 수업을 원활히 진행하려면 등교 수업일에 학생들에게 활동지나 미술 준비물(종이 가면, 두꺼운 도화지, 컬러 점토 등)을 미리 배부하는 것을 추천합니다. 책에서 예시로 소개하고 있는 패들렛을 비롯하여 활동 결과물을 공유할 수 있는 학급 플랫폼이 구축되어 있다면 보다 의미 있는 온라인 프로젝트 수업 운영이 가능할 것입니다.

이 수업은 총 4개의 퀘스트로 구성되어 있습니다. 수업 주제 중 조사와 관련된 퀘스트나 만들기와 관련된 퀘스트의 경우 다른 활동에 비하여 시간이 많이 필요합니다. 각각의 퀘스트의 활동 시간을 고려하여 교과목에서 확보한 시수를 배분한다면 보다 밀도 있는 수업이 가능할 것입니다.

> **시작하기**
> **중심활동 | 커버 스토리 파악하기, 학습 흐름 이해하기**
> ◆ [사전활동] 이 시대는 영웅을 원한다...히어로 영화 봇물(YTN 뉴스) 시청하기 (선택 활동)
> ◆ 도입 영상을 통해 프로젝트 학습 주제 확인하기
> ◆ 커버스토리를 확인하고 주어진 문제 상황 파악하기
> ◆ 활동순서를 짚어보며, 전체적인 학습 흐름과 각 퀘스트별 활동 파악하기

STEP1 사전활동

슈퍼히어로와 관련된 영화를 소개하는 뉴스를 사전활동을 제시하였습니다. 뉴스를 살펴보고, 자신이 재미있게 본 슈퍼히어로 영화나 애니메이션에 대하여 자유롭게 이야기해보는 시간을 가지며 프로젝트 상황에 대한 동기유발을 할 수 있습니다.

STEP2 도입

지구촌 곳곳에서 일어나는 문제들로 인해 히어로가 필요한 상황을 이해하는 데 도움을 주는 영상입니다. 영상은 앞으로 진행될 프로젝트에 흥미를 느끼고 활동에 몰입할 수 있도록 도와줍니다.

STEP3 커버스토리 확인하기

커버스토리에서는 다양한 슈퍼히어로를 소개하고, 앞으로 이어질 활동 방향을 안내합니다.

슈퍼히어로를 떠올리면 슈퍼맨이나 배트맨, 어벤져스 군단과 같은 영화 속 캐릭터가 먼저 생각납니다. 하지만 홍길동이나 반쪽이처럼 우리 문학 속 슈퍼히어로도 존재합니다. 또한 마법 전사인 프리큐어나 세일러문, 악당을 물리치는 파워레인저나 호빵맨, 변신 로봇인 트랜스포머나 로보카폴리처럼 아이들에게 친숙한 애니메이션 속 슈퍼히어로

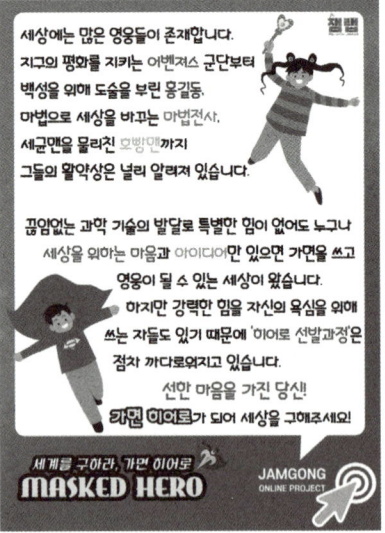

도 있습니다. 다양한 슈퍼히어로의 범주를 떠올릴 기회를 주는 것은 이후 자신이 되고 싶은 히어로의 모습을 자유롭게 상상하는데 도움을 줍니다. 또한 학생들이 직접 슈퍼히어로가 되는 상황은 이어질 활동에 흥미를 갖게 합니다.

STEP4 전체 활동과정 짚어보기

활동 순서 카드를 활용해 전체적인 학습 흐름과 퀘스트별 중심 활동을 살펴볼 수 있습니다. 활동 순서를 살펴보기 전, 앞으로 진행될 프로젝트의 흐름을 예측해보는 것도 프로젝트에 대한 학생들의 흥미를 높일 수 있는 하나의 방법이 될 수 있습니다.

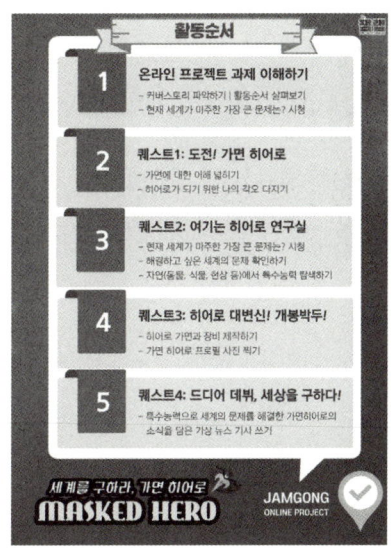

프로젝트는 크게 사람을 구하는 영웅이 되는 데 필요한 마음가짐 생각해보기, 세계 여러 문제를 떠올리고 그 문제를 해결할 수 있는 자연 현상 탐구하기, 탐구한 결과물을 이미지로 형상화한 히어로 가면과 도구 만들기, 히어로가 된 상황을 상상하여 기사문 쓰기의 네 가지 활동으로 구성하였습니다.

전개하기

중심활동 | 히어로로서의 소양 기르기, 히어로 전문분야 탐구, 히어로 장비 제작하기
- [퀘스트1] 가면의 모양과 쓰임새, 의미 조사하기, 히어로로서 갖춰야 할 마음가짐을 확인하고 각오 다지기
- [퀘스트2] 해결하고 싶은 세계의 문제 확인하기, 문제해결에 필요한 특수능력을 자연 속에서 탐색하기
- [퀘스트3] 자신의 능력을 잘 나타내는 히어로 장비 제작하기, 제작한 장비를 착용하고 히어로 프로필 만들기

STEP5 퀘스트1 과제확인하기

퀘스트 1은 히어로가 되기 위한 채용 면접 형식으로 진행됩니다. 첫 번째 활동에서 학생들은 우리나라 또는 세계 여러 나라의 가면들을 살펴보며 각각의 모양과 의미를 알아봅니다. 이 활동은 이후 히어로 가면을 디자인할 때 참고 자료로 활용하기 위하여 기

획하였습니다. 또한 공연의 소품, 아름다운 장신구, 인간과 신을 연결하는 수단, 정체를 감추는 도구 등 시대와 지역에 따라 다르게 활용되는 가면의 의미를 살펴보며 문화의 다양성을 이해할 수 있습니다.

가면과 관련하여 학생들이 참고할 수 있는 추가 영상 자료로 한국의 봉산탈춤과 이탈리아 카니발 축제의 가면 문화를 소개하는 영상인 문화유산채널의 「평등하지 않던 세상의 분출구, 탈춤과 가면놀이」를 추천합니다.

두 번째 활동으로 제시된 히어로 소양 검증 인터뷰에서는 '큰 힘에는 큰 책임이 따른다.'와 같은 스파이더맨의 좌우명처럼 학생들이 앞으로 히어로가 되었을 때 어떠한 마음가짐을 갖고 세계의 문제를 해결해나갈지 도덕적 고민을 할 기회를 제공합니다. 내가 좋아하는 히어로가 추구하는 가치를 떠올려보고, 내가 추구해나갈 가치는 무엇인지 생각해 봅니다. 이를 통해 겉보기에만 멋진 영웅이 되기보다 앞으로 주어질 힘을 가치 있고 지혜롭게 사용할 영웅이 되는 방향을 고민해 볼 수 있을 것입니다.

STEP6 퀘스트2 과제확인하기

히어로 후보생이 된 상황에서 자신이 해결하고 싶은 갈등이나 문제 상황을 찾고, 이를 해결하기 위해 필요한 힘이 무엇인지 탐색하는 단계입니다.

첫 번째 활동에서는 지구촌의 갈등과 문제 상황을 브레인스토밍 등의 기법을 활용하여 다양하게 떠올려보고, 그중 관심이 가는 분야를 선정해 봅니다. 만약 3~5학년을 대상으로 프로젝트를 진행한다면 공간의 범주를 사회과에서 다루는 고장이나 우리나라로 좁혀 진행하는 것을 추천합니다. 선정

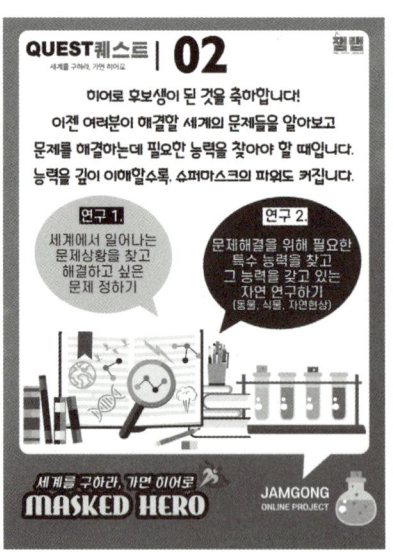

한 문제 상황에 대해 깊이 있게 이해하기 위해 구체적인 사례를 조사하거나, 신문 기사를 스크랩하는 활동을 추가하는 것도 추천합니다. 취재대행소 왱에서 제작한 영상 「"현재 세계가 마주한 가장 큰 문제는?" 5~74살에게 물었다」를 통해 다양한 연령대의 사람들이 생각하는 세계의 문제에 대해 먼저 살펴보고 활동을 진행할 수도 있습니다.

두 번째 활동은 자신이 고른 지구촌 문제를 해결하는데 필요한 특수능력을 탐색하는 것입니다. 특수능력은 과학의 전 영역에서 자유롭게 찾아보도록 할 수도 있으나, 복습 차원에서 해당 학년까지 배웠던 과학 지식의 범위 안에서 찾아보도록 제약을 둘 수도 있습니다.

이 활동을 진행하기에 앞서 슈퍼히어로가 사용하는 힘의 종류를 살펴보고, 어떤 문제해결에 힘을 활용하였는지 미리 알아보는 것도 좋습니다. 번개로 운석을 잘게 부숴 지구를 구하는 토르, 떨어지는 엘리베이터를 거미줄로 잡아 사람들을 구하는 스파이더맨을 떠올리다 보면 문제해결에 필요한 특수능력을 연상하는 것이 보다 수월해질 것입니다.

단풍나무 열매의 낙하 원리를 적용하여 헬리콥터 프로펠러를 만든 것처럼 자연의 모습을 현대 기술에 접목한 뉴스들을 조사하며 특수능력을 탐색하는 방법도 있습니다. 과학교과서 각 단원마다 나오는 과학 이야기에도 실생활에서 과학 원리를 활용하는 예시가 소개되어 있어 이를 활용하는 것도 추천합니다.

STEP7 퀘스트3 과제확인하기

퀘스트3은 디자인 활동을 중심으로 진행됩니다. 앞서 탐색한 특수능력이 마스크와 장비에 잘 드러나도록 디자인하고, 제작한 작품을 직접 입어보는 체험 활동까지 연결됩니다. 종이탈과 같이 가정에서 준비하기 어려운 준비물을 등교 수업일에 미리 배부한다면 학생들이 보다 수월하게 가면을 만들 수 있습니다. 만약 준비물을 배부하기 어려운 상황이라면 종이탈 대신 가정에서 구하기 쉬운 종이 상자나 두꺼운 도화지, 지점토 등을 활용할 수도 있습니다. 채색 도구를 활용하여 가면을 꾸며

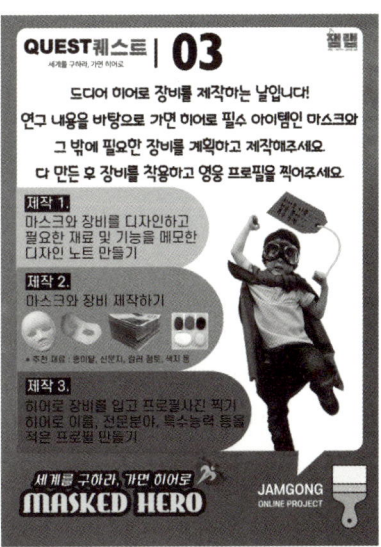

도 좋지만, 컬러 점토를 가면에 붙여 입체감이 잘 드러나게 표현할 수도 있습니다.

학급 친구들과 활동 결과물을 공유하기 위해 패들렛 등 온라인 공유 플랫폼을 활용하는 것을 추천합니다. 멋진 포즈로 사진을 찍고 설명을 곁들여 프로필을 제작하거나, 히어로 소개 영상을 촬영하여 올릴 수도 있습니다.

마무리하기

중심활동 | 상상 글쓰기
- [퀘스트4] 과제 확인하고, 육하원칙에 따라 상상 기사문 쓰기
- 활동 소감 나누기

STEP8 퀘스트4 과제확인하기

마지막으로 학생들은 자신이 갖게 된 힘을 모두를 위해 어떻게 사용할 것인지 상상하여 기사문을 작성합니다.

기사문을 작성하기에 앞서 육하원칙에 따라 가상의 문제 상황과 해결 방법을 정리합니다. 자신이 선택한 문제 분야에서 일어날 법한 사건을 상상하여 만들거나 현실에서 벌어지는 사회 문제를 일부 각색하여 정할 수도 있습니다.

기사문은 사건에 대한 정보 전달을 중점적으로 다루는 보도 기사 형태로 작성할 수도 있고, 히어로의 데뷔 소감과 각오를 담은 인터뷰 기사를 담을 수도 있습니다.

각자 작성한 기사문을 온라인 플랫폼에 게시하여 서로의 활약을 살펴볼 기회를 제공할 수 있습니다. 컴퓨터 활용이 능숙한 학생은 문서 작성을 통해 기사를 온라인 플랫폼에 올리고, 그렇지 않은 학생은 손으로 쓴 기사를 사진으로 찍어 올리도록 하여 컴퓨터 활용에 대한 부담감을 낮출 수 있습니다.

모든 활동이 끝나면 친구들이 올린 기사에 댓글을 달며 서로의 활동을 격려하거나 지구촌 갈등에 대해 변화된 자신의 관점을 소감으로 나누며 활동을 마무리할 수 있습니다. 이번 프로젝트 활동을 통해 학생들이 주변에 선한 영향력을 미칠 수 있는 사람으로 한 걸음 더 내디딜 수 있길 기대합니다.

센스있는 자막을 넣어 영상을 편집하고 싶을 때, Vapmix

다양하고 재미있는 영상을 편집하고 싶다고요? 사람들의 시선을 끄는 센스있는 자막을 넣어 영상을 제작하고 싶을 때, 그에 딱 맞는 영상 편집프로그램 뱁믹스(Vapmix)를 추천합니다. 뱁믹스에서 제공하는 편집 기능들은 개인 유튜버, 기업, 공기관, 학교나 교육연수원에서 사용할 수 있도록 저작권 관리를 하고 있어 모두 제한 없이 사용할 수 있답니다. 또한, 무료로 제공하는 자막이나 애니메이션 기능 외에도 개별이나 세트로 자막 템플릿을 구매하여 좀 더 다채롭게 영상을 편집할 수 있습니다.

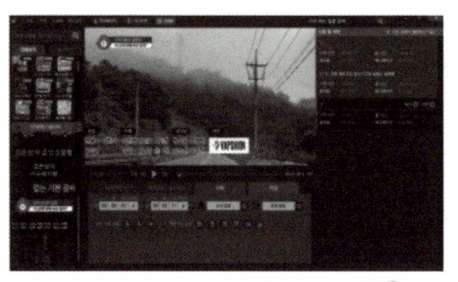

뱁믹스 설치 및 사용은 초보자도 쉽게 사용할 수 있을 만큼 간단합니다. 뱁믹스 사이트에 접속 후, 프로그램을 설치합니다. 이메일주소와 비밀번호를 설정하여 회원가입을 한 후 프로그램 사용이 가능합니다.

뱁믹스에서의 영상 편집 작업은 크게 일곱 단계로 구성됩니다. (1) 내 컴퓨터에서 사진/동영상 불러오기 (2)

5. 아쉬운 점 : 컴퓨터용 프로그램 (모바일 불가능)
무료기능으로만으로는 다양한 편집의 한계가 있음

불러온 사진/동영상을 순서대로 정렬하기 (3) 동영상 자르기 (4) 사진의 재생시간 설정하기 (5) 배경음악 넣기 (6) 자막 넣기 (7) 저장하기

뱁믹스에서 다양하게 자막을 활용하는 방법은 다음과 같습니다. 첫 번째는 뱁믹스의 반응형 자막기능과 자막템플릿을 사용하여 영상의 하단에 자막 효과를 넣는 것입니다. 두 번째는 밋밋한 화면을 더 풍성하고 다채롭게 채워주는 영상 타이틀 효과입니다. 세 번째는 마치 영화 크레딧 화면처럼 영상 마무리에 넣어주는 엔딩 효과입니다. 이렇게 다양한 기능으로 좀 더 재미있고 신선한 효과를 넣은 영상을 제작할 수 있습니다.

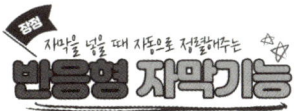 뱁믹스가 제공하는 기능 중 가장 큰 장점은 '반응형 자막'이 가능하다는 점입니다. '반응형 자막'이란 텍스트 길이와 크기에 따라 자막이 자동으로 중앙정렬되고 뒷배경 그림 등이 조절되는 기능입니다. 이 기능을 활용하여 보다 쉽고 편리하게 자막을 편집할 수 있습니다.

뱁믹스에서 제공하는 다양한 기능을 활용하여 영상을 편집해보세요!

 ## 독서교육과 프로젝트가 만나다.
잼공독서프로젝트

    독서교육은 '잼공(재미있는 공부)'이 되어야 한다. 책 읽는 행위만이 독서라는 생각에서 벗어나기만 해도 잼공이 될 가능성은 높아진다. 책을 소비(읽기)의 대상이 아니라 생산(만들기, 행동하기, 표현하기)을 위한 학습자원(재료)으로 본다면 잼공의 조건을 충분히 갖출 수 있다. 더욱이 이러한 잼공의 조건은 창의적인 생산성에 방점을 둔 프로젝트학습(Project Based Learning: PBL)을 통해 구체적으로 실현될 수 있다.

[나는야 문장수집가 온라인 프로젝트 구글사이트 접속 QR코드]

이와 관련해 필자는 「잼공 독서 프로젝트 1탄 기존 독서상식을 비틀어 볼까」에 수록된 '문장수집가! ○○쪽에 답이 있다'를 토대로 여덟 번째 온라인 프로젝트를 진행한 바 있다. 기본적으로 국어교과의 독서단원과 연계해 활동이 이루어졌는데, 학생들에겐 각자 문장수집가로서 책을 읽고, 그 속에 담긴 보물 같은 문장들을 찾는 임무가 부여됐다. 특히 생일과 같은 특별한 기념일을 기준으로 쪽수를 정하고, 선물하고 싶은 문장을 고르도록 해서 활동에 의미를 더했다.

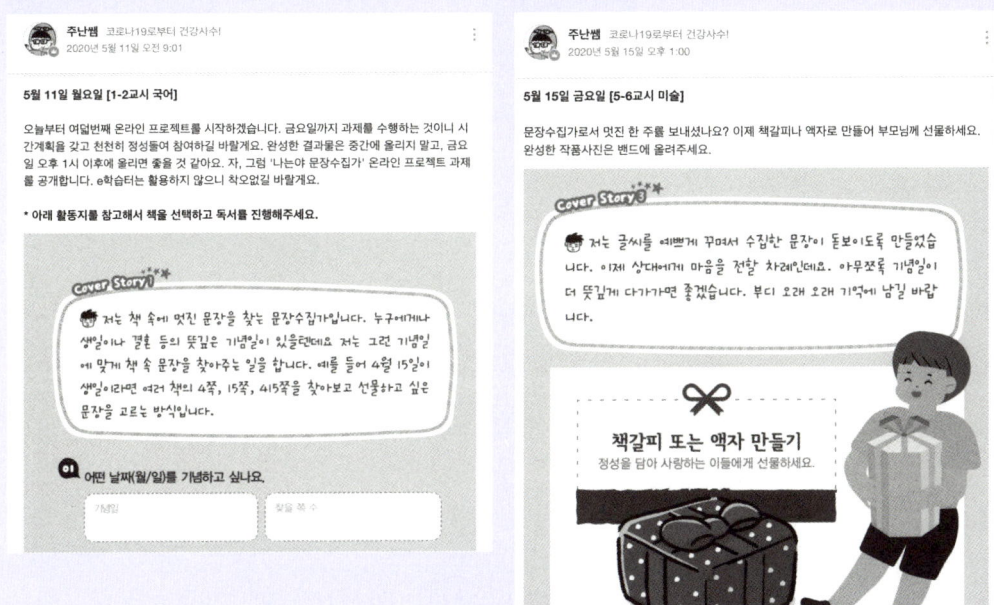

[나는야 문장수집가 온라인 프로젝트 온라인 수업안내]

문장수집가로서의 찾아낸 책 속 보물들은 켈리그라피로 표현됐다. 학생들이 만든 켈리그라피 작품은 책갈피와 액자에 정성스럽게 담겨 사랑하는 가족을 위한 선물로 탄생했다.

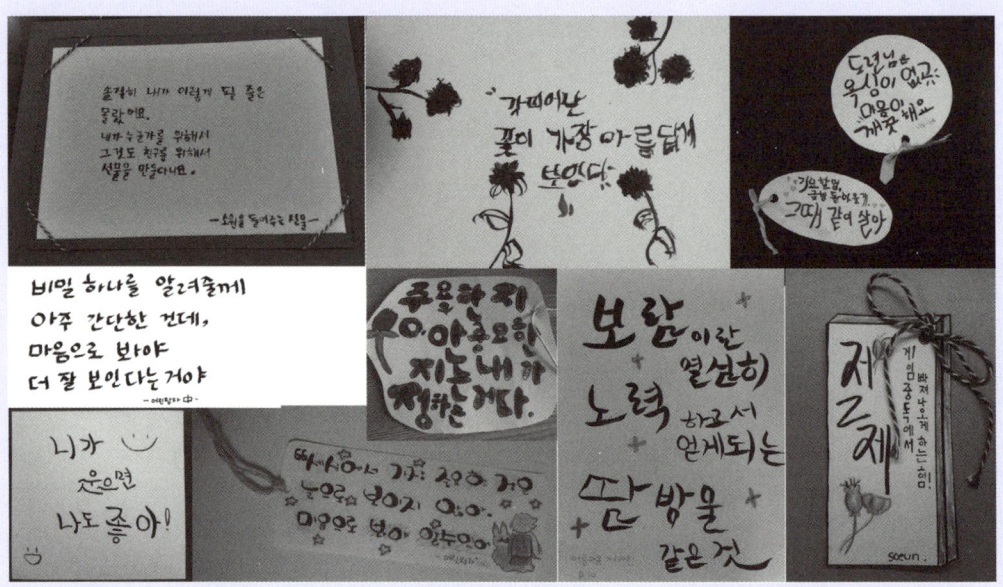

[나는야 문장수집가 활동 결과물]

우리는 OECD 30개국 가운데 꼴찌를 기록한 '국민 1인당 평균주당독서시간', 성인 10명중 4명이 일 년에 책 한권을 읽지 않는다는 뼈아픈 통계를 받아들이고 있다. 여전히 독서교육은 학교공부의 수단으로, 각종 입시를 대비하기 위한 목적으로 활용되고 있는 것이 현실이다.

이런 이유로 「잼공독서 프로젝트」 시리즈는 기존의 독서교육과는 다른 시각을 제공하고 있다. '1편 기존 독서상식을 비틀어 볼까'에서는 독서교육의 문제점들을 하나하나 꼬집고, 해결방안을 제시하고 있다. 「1부. 백약이 무효! 독서법은 넘쳐나는데 아무 소용이 없다」, 「2부. 그거 알아? 독서가 우리 아이의 뇌를 공격할 수도 있다고」, 「3부. 재미없는데 그냥 끝까지 읽으라고? 그게 가능해?」, 「4부. 책을 통째로 외운다고 해서 문해력이 남달라질까」, 「5부. 만화 좀 읽으면 어때? 그런 편협한 생각이 독서의 흥미마저 빼앗는 거야」, 「6부. 대강 읽어도 괜찮아. 강요한다고 정독하겠어?」 등의 목차에서 확인할 수 있듯 상당히 도발적인 문제제기를 하고 있다. 기존의 독서상식과 독서법을 비틀고, 창의적인 해법을 모색하려는 시도들로 채워져 있다.

후속 책인 '2편 독서에 프로젝트 수업을 더하다'는 「7부. 뇌 과학으로 풀어보는 독서

타이밍!」, 「8부. 재미있는 책, 스토리텔링의 힘이 결정한다」, 「9부. 자기목적적 경험이 독서를 놀이로 만든다」, 「10부. 비주얼 리터러시, 읽는 독서에서 보는 독서로」, 「11부. 생산적인 독서활동을 통해 프로슈머로 거듭나다」로 이어진다. 특히 「12부. 특명, 프로젝트학습을 통해 독서DNA를 깨워라!」에는 재미교육연구소 연구원들이 공들여 개발한 '잼공독서 프로젝트' 프로그램들이 수록되어 있다. 독서교육과 프로젝트학습의 환상적인 콜라보를 실현하는데 참고할만한 총19개(1편(6개)+2편(13개))의 잼공독서 프로젝트 프로그램이 수록되어 있어서 의지만 있다면 누구든 실천할 수 있다.

아무쪼록 독서DNA를 깨울 만큼 매력적인 프로젝트학습 활동을 통해 '아이들의', '아이들에 의한' 그리고 '아이들을 위한', 독서교육이 온전히 실천되면 좋겠다. 독서교육과 프로젝트학습의 환상적인 콜라보! 온라인 환경에서도 얼마든지 가능하니 망설이지 말고 실천해보길 바란다.

주목하라! 재미교육연구소가 떴다

　재미와 게임으로 빚어낸 프로젝트학습을 만들기 위해 열혈남녀들이 까다로운 과정을 거쳐 재미교육연구소(이후 잼랩)의 일원이 되었습니다. 이들은 초·중등학교, 특수학교, 박물관·미술관 등 각기 다른 교육현장을 무대로 프로젝트학습을 실천해왔던 숨은 실력자들이기도 합니다. 다르게 생각하고 새롭게 접근하는데 익숙한 개성 강한 이들의 좌충우돌 스토리가 흥미진진하게 펼쳐지는 잼랩엔 뭔가 특별한 것이 있습니다.

"경계를 넘나들며 통합의 길을 모색하다!"

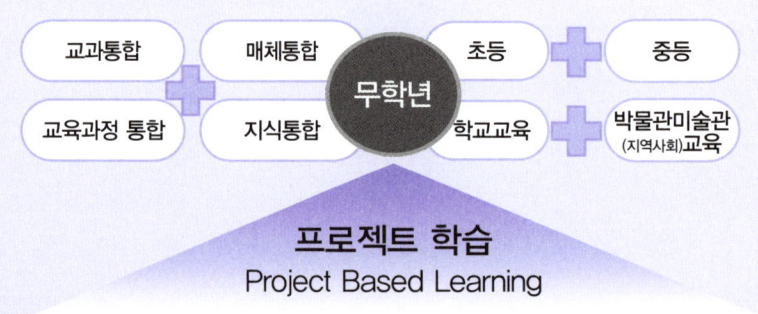

초·중등교사, 특수교사, 학예사(에듀케이터), 교수설계전문가, 박물관미술관교육전문가 등이 잼랩에 폭넓게 참여할 수 있는 것은 핵심적인 지향점을 '통합'에 두고 있기 때문입니다. 국민공통기본교육과정(10학년) 안에서 교과를 넘어 학년, 학교 간 통합을 추구하고, 형식교육과 비형식교육의 경계를 허물기 위한 생산적인 활동이 협업을 통해 이루어지고 있습니다. 잼랩이 추구하는 무학년은 대상과 장소를 인위적으로 섞어버리는 물리적인 결합이 아닌 콘텐츠 중심의 자율적인 통합을 전제로 합니다. 'PBL CREATOR BAND', 무엇보다 잼랩은 다양한 분야의 PBL 크리에이터가 모여 변주곡을 연주하듯 창의적인 작품을 구현해내는 하모니 밴드를 지향하고 있습니다.

"잼랩의 심장! 잼공팩토리"

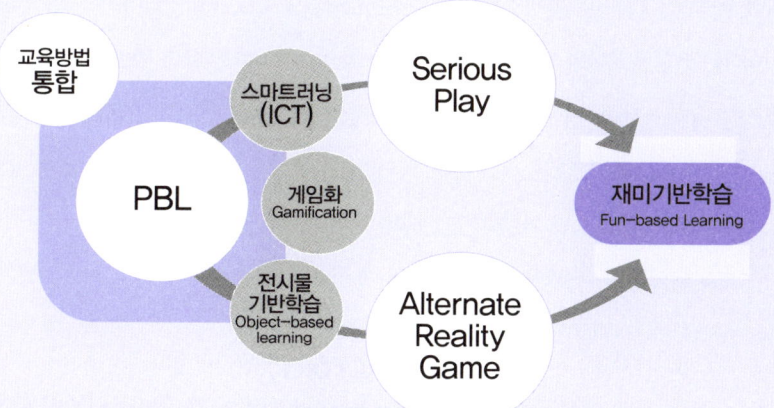

'잼공(재미있는 공부 or 재미공작소의 약자)'은 잼랩이 구현하고자 하는 재미와 게임으로 빚어낸 프로젝트학습의 고유 명칭입니다. 잼공이라는 이름 자체가 학습자의 관점에선 '재미있는 공부', 교육실천가 관점에선 '재미공작소'라는 의미를 내포하고 있습니다. 잼랩은 세 가지 성격의 재미(3S-Fun)를 기반으로 하는 학습환경을 구현하고자 게임화를 전제로 다양한 교육방법의 통합을 추구합니다. 교실이라는 제한된 공간에서부터 박물관이나 특정지역 등의 광범위한 공간에 이르기까지 주제에 따라 규모를 달리하며 다채로운 잼공프로그램이 탄생하고 있습니다. 더욱이 잼공은 주제나 실시된 공간에 따라 부가적인 이름이 더 해집니다. 이를테면 삼청동이나 정동과 같이 특정 지역(동네)를 무대로 프로젝트학습이 진행될 경우에는 잼공타운, 박물관일 경우엔 잼공뮤지엄 등으로 불리는 식입니다. 참고로 잼공프로그램의 대표적인 유형은 다음과 같습니다.

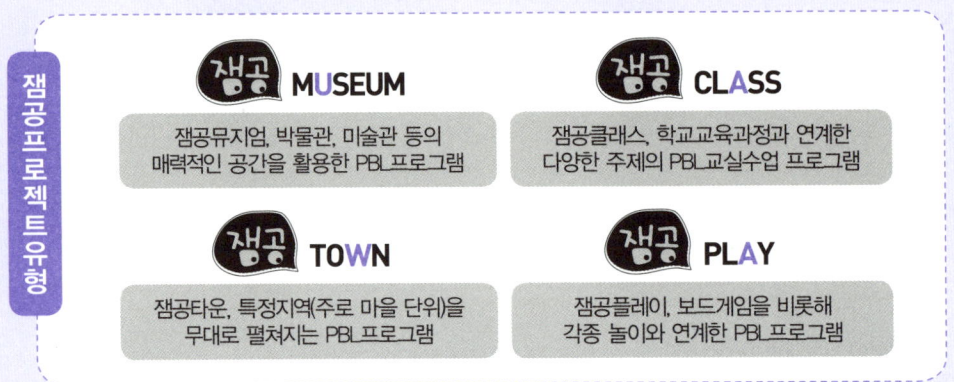

이러한 잼공프로그램은 '실행공동체(Community of Practice)'를 뜻하는 CoP팀과 특정 과제수행 중심의 TF팀을 통해 만들어집니다. 이들 팀 하나하나가 바로 잼랩의 심장! '잼공팩토리'인 것입니다. 지금 이 순간에도 잼공팩토리에선 교실을 무대로(잼공클래스), 때론 박물관과 미술관을 무대로(잼공뮤지엄), 특정지역을 무대로(잼공타운), 보드게임+놀이를 접목시킨(잼공플레이) 다채로운 PBL프로그램들이 만들어지고 있습니다.

"CPR로 무장한 연구원이 있다!"

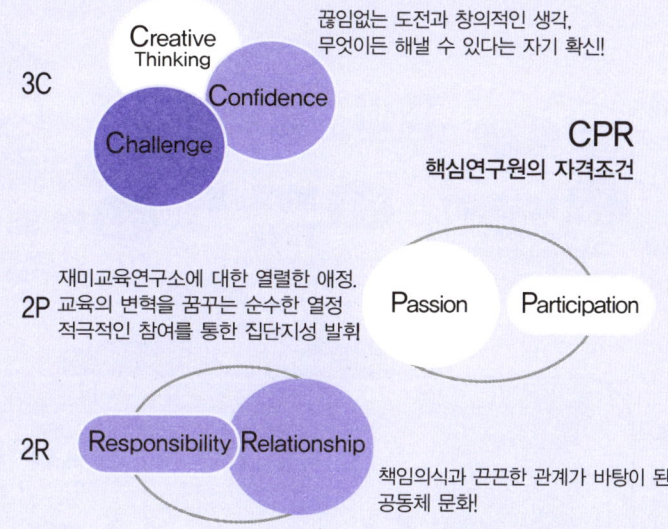

연구원들은 잼랩의 구성원이기에 앞서 각자 자신의 삶의 터전이 있는 어엿한 직업인이기도 합니다. 이들은 자신의 소중한 시간과 경제적인 부담을 감수하면서 자발적인 참여를 지속하고 있습니다. 잼랩의 모든 활동은 연구원들에게 창의적인 생산성을 끊임없이 요구합니다. 특히 재미와 게임으로 빚어낸 프로젝트학습을 팀별 혹은 개별로 구현하다보면, 자연스레 연구원들의 역량 강화로 이어지기 마련입니다. 단, 이 과정에서 'CPR'이라는 핵심연구원의 자격조건이 기본적인 전제가 됩니다. 근본적으로 'CPR'을 갖추지 못한 사람은 잼랩의 문화에 빠져들 수가 없습니다. 진지한 재미로 가슴 뛰는 교육세상을 만들고자 하는 잼랩의 시도들, 그 밑바탕엔 CPR(일반적으로 심폐소생술을 의미한다)로 무장한 연구원들이 있습니다. 지금 이 순간도 다채로운 잼공프로그램들이 이들에 의해 탄생되고 있습니다. 잼랩의 구성원들이 써 내려가는 작지만 의미 있는 도전의 역사들은 앞으로도 쭉 계속될 것입니다.

"잼랩의 일은 진지한 놀이다!"

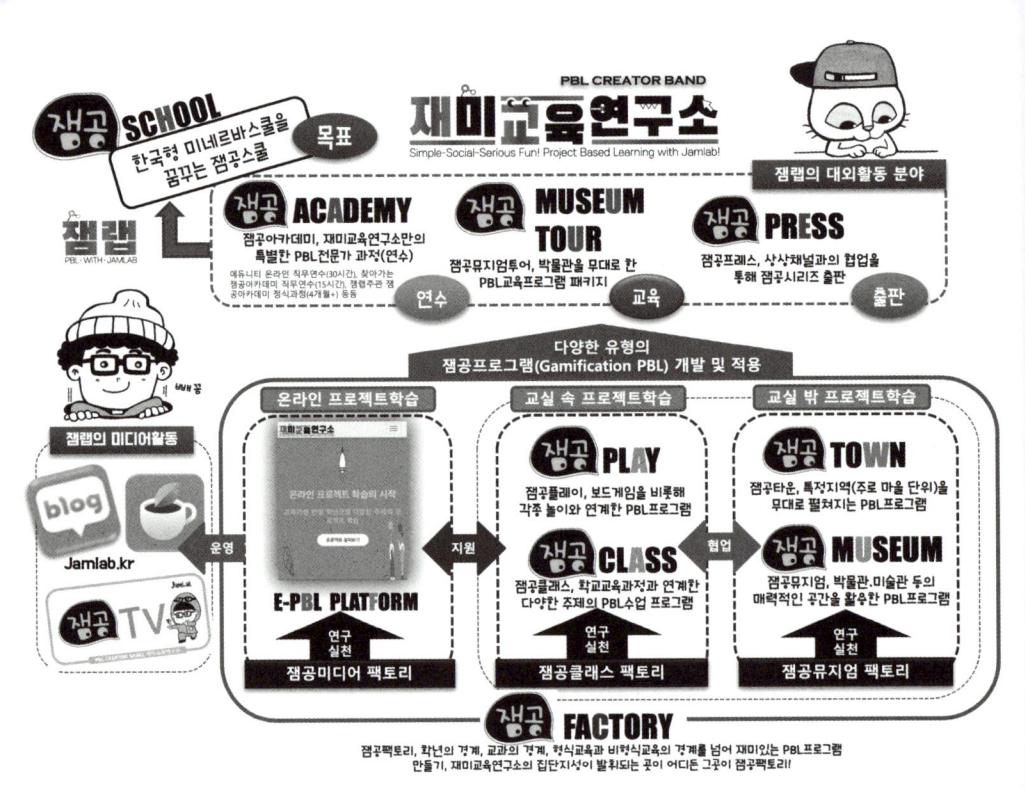

　진지한 재미에 빠지면 노력을 앞세우지 않더라도 놀라운 생산성을 보여주기 마련입니다. 그래서 잼랩에서 벌이는 대내외활동은 늘 창조적인 사고를 기반으로 한 진지한 놀이, 그 자체라고 할 수 있습니다. 만약 어떤 일이 노력만이 요구될 정도로 심각해지거나 엄숙해지게 되면 가던 길을 멈추고, 원점부터 다시 시작하는 것도 주저하지 않을 겁니다. 놀이엔 실패란 없는 법이니까요. 모든 과정이 소중하고 아름다운 경험일 뿐입니다. 그렇기에 잼랩의 문화 속엔 다르게 생각하고 새롭게 접근하는 모든 도전들이 언제나 환영받습니다. 잼랩만의 특별한 문화가 만들어내는 놀이터가 어떻게 진화해 갈까요? 전문분야도, 교육현장도, 출발점마저 다른 사람들이 모였지만 잼랩이라는 '매직서클(magic circle)' 안에 너나할 것 없이 푹 빠져 지내고 있는 것만은 틀림없습니다.

"잼랩의 공식적인 창을 만들다!"

　2015년 3월 28일, 잼랩과 상상채널이 MOU를 체결했습니다. 이후로 잼랩에서 생산한 다양한 저작물과 사례들이 상상채널을 통해 지속적으로 출판되고 있습니다. 이어서 2017년 9월 잼랩의 온라인 연수과정(30시간)도 에듀니티 행복한 연수원에 개설됐습니다. 이제「재미와 게임으로 빚어낸 신나는 프로젝트학습(상상채널)」을 책뿐만 아니라 동명의 연수로도 만나볼 수 있습니다.

에듀니티 행복한 연수원(happy.eduniety.net)

　더불어 잼랩의 다양한 소식들은 블로그(blog.naver.com/jammylab), 카페(cafe.naver.com), 유튜브(잼공TV) 등의 잼랩미디어 활동을 통해 매일매일 접할 수 있습니다. 아무쪼록 새로운 교육을 향한 갈망, 열정으로 똘똘 뭉친 사람들 간의 활발한 교류의 장이 되어주길 바래봅니다. 자, 그럼 이 책을 통해 잼랩과 함께 잼공할 준비를 해보는 것은 어떨까. 마음이 움직인다면 과감히 실천으로 옮겨보자.

참고문헌

이 책은 잼공Projet Learning 시리즈를 참고해 구성됐다.

- 강인애, 정준환, 정득년. (2020). 교실 속 즐거운 변화를 꿈꾸는 프로젝트학습(개정판). 서울: 상상채널.
- 정준환. (2015). 재미와 게임으로 빚어낸 신나는 프로젝트학습. 서울: 상상채널.
- 정준환. (2018). 설레는 수업, 프로젝트학습 PBL달인되기2: 진수. 서울: 상상채널.
- 정준환. (2019a). 설레는 수업, 프로젝트학습 PBL달인되기1: 입문(개정판). 서울: 상상채널.
- 정준환. (2019b). 교사, 프로젝트학습에서 답을 찾다. 01. THEORY. 서울: 상상채널.
- 정준환. (2020a). 잼공 독서 프로젝트 1편 기존 독서상식을 비틀어 볼까. 서울: 상상채널.
- 정준환. (2020b). 설레는 수업, 프로젝트학습 PBL달인되기3: 확장. 서울: 상상채널.
- 재미교육연구소. (2020). 잼공 독서 프로젝트 2편: 독서에 프로젝트 수업을 더하다. 서울: 상상채널.

찾아보기

ㄱ

가면 168, 169, 174, 176, 178,
골드버그장치 35, 36, 37, 38
골드버그장치를 만들어라 35, 39
과학 172, 178, 183
구글사이트 23, 34, 39
구조신호 124 130 139 141
그림레시피 20, 21
기사 176, 178, 184

ㄴ

나는야 만화가 18
나는야 북튜버 17
나는야 여행설계사 22
나는야 요리사 19, 21
나를 보여줄게! 방방마다 106, 107, 108, 109,
110, 111, 112
나에 대한 보고서 48
네이버 밴드 14, 24, 25, 26, 27, 29

ㄷ

대피계획 124 125 126 140
대피로 125
더프 그래디 98
디자인 174, 178, 183, 185
디제이(DJ) 66, 69, 73, 75, 80

ㄹ

라디오 66, 67, 68, 69, 70, 71, 72, 73, 74, 75,
76, 77, 78, 79, 80, 81, 82, 83

ㅁ

마인드맵 100
만화 18
망고보드 164
모르스코드(신호) 130 131 141 142
몸속탐험 바디선장 31, 34
미래유망직업 52
미래직업의 조건 52
미리캔버스 32, 40, 41, 42, 43, 94, 98, 102,
164

ㅂ

반찬구독서비스 146, 147, 154, 159, 160
방송작가 69, 75
벤치마킹 90, 92, 100, 101
북튜버 16, 17
비바비디오 101
빈센트 반 고흐 106, 116

ㅅ

살만칸 86, 87, 96, 98, 99,
생존가방 128 139 140 141
생존신호 124 139 141
생존의 법칙 124 136 137
생존타임 124 128
세계 168, 172, 178, 183
시그널 음악 69, 73, 80
식단 147, 149, 150
식품 구성 자전거 147, 161, 162
썸네일 94, 102

칸바(Canva) 164
칸아카데미 86, 87, 96, 98, 99
커리어넷 50, 60
키네마스터 101

아를의 침실 106, 117
에코디자인 152, 163
엑시트 124 136
영양소 147, 149, 150
영웅 168, 169, 170, 176,
예약글쓰기 19
온라인 과제카드 40
온라인 전시회 111, 120
온라인 직업박람회 47, 54, 56, 62
온라인 학급커뮤니티 13
온라인 학습관리시스템 28
우리반 밴드 14
유튜버 86, 90, 91, 94, 100
유튜브 86, 87, 88, 90, 92, 94, 96, 98, 99, 100, 101, 102
이너스페이스 32
인체탐험지도 33

패들렛 164
프리사이클링 152, 163
플립그리드(Flipgrid) 164, 166, 167
피디(PD) 69, 73, 75, 78, 80
필환경 152

자기홍보프로젝트 14, 15, 16
재난 125
재난안전교육 136
재난안전영상 124 133 142
재능기부 86, 90, 95, 98, 99
저작권 92
제로웨이스트 152, 163
지구촌 172, 178, 182, 183
직업탐색 50

DREAM JOB FAIR 47, 56
e학습터 28, 29, 30, 36
LMS 28, 29
OBS studio 84, 85
TED 96, 98, 99
VOLL 101

체온유지 128 139 140
친환경 패키징 152, 163

★ -최고상

★ -해냈어

★ -할 수 있어

★ -조금만 더

★ -노력하자

★ -휴식

프로젝트학습 스티커는 상상채널 홈페이지(www.naeha.co.kr)에서 별도 구매 가능합니다.

★-최고상

★-해냈어

★-할 수 있어

★-조금만 더

★-노력하자

★-휴식

프로젝트학습 스티커는 상상채널 홈페이지(www.naeha.co.kr)에서 별도 구매 가능합니다.